プロカウン……える

絶……になれる

「感謝ノート」

古宮 昇
Noboru Komiya

PHP研究所

◎まえがき

感謝をムリ強《じ》いしていませんか？


「感謝しましょう」

「感謝が大切です」


そんな言葉を耳にしたことがおありですよね？

確かに、ありがとうという言葉が自然にさっと出る人って好感をもたれやすいもの。

感謝するほど運が良くなる、なんて話も聞きます。活躍したスポーツ選手がインタビューで「家族や応援してくれる人、コーチに感謝しています」なんて話すのを聞いたこともあるでしょう。ひょっとすると、その選手は感謝の気持ちで取り組んでいるから試合でもツキが味方したのかも、なんてことだって絶対にないとは言いきれないでしょう。
それに、誰だってグチや不平ばっかり言っているより、「ありがとう」という気持ちでいたいものですよね。

でも誰だって、心の中を正直に感じると、感謝できない気持ちがあります。ところが多くの人が、「感謝しなくちゃ」と思って無理をしてしまいます。

たとえば、親に対して本当は怒りや傷つきの気持ちがあるのに、「私は親に感謝しています」と言う人がたくさんいます。そういう人は、感謝の言葉を口にするわりに、あまり心が満たされていたり幸せだったりするようには見えないものです。

みんな幸せになりたい

誰もが幸せになろうと努力しています。多くの人が、「苦しんで努力して何かを手に入れれば、その先に幸せが待っている」、と信じてがんばってきました。

だけど……。


「もっと幸せになりたいけど、なかなかうまく行かないことがあって……」

「グチは言いたくないけど、毎日つまらない……」

「人前では明るく振るまってるけど、本当は悩みでいっぱい」


あなたにもそんな思いが心にありませんか?

それに、努力したって、幸せになれるのは運の良い人で、自分はそこまで運が良くないし、恵まれてもいないし……。

たくさんの人がそう思っています。

これからの時代の、上手なやりかた

でも、「苦しんだ先に幸せがある」とか、「たまたま運の良い人が幸せになれる」とか、そんな信念は昔の常識。これからの時代では、常識が変わります。

幸せを呼びこむ方法、運を開く上手な方法はあり、しかも苦しい努力は不要です。お金もかかりません。

そして「感謝が幸せのカギ」というのは本当です。**だけど「感謝しよう」とがんばってもダメなんです。感謝は無理やりするものじゃなく、湧き上がるものだから。でも、どうすればそうなるのでしょう？**

感謝が湧き上がり、幸せがやってくる方法、それが「感謝ノート」です。

私の経歴

私は米国の大学院で心理学の博士号をいただき、心理カウンセラーとして日・米・ニュージーランドで合計25年以上にわたって延べ6000人ほどの方々の心の援助をし、多くの方たちの人生が変わるのを目《ま》の当たりにしてきました。さらに、私が主宰する「スピリチュアル心理学オンライン・アカデミー」というセミナーでも「感謝ノート」が効果を上げています。

本書は、私のプロカウンセラーおよびセミナー講師としての経験から得た洞察を、あなたにわかりやすくお伝えするものです。

本書について

感謝ノートには、日々の幸せ感を増やし、人生への満足度を高め、人間関係が良くなり、自分のことも好きになる、などの効果があることが心理学の多くの科学的研究によって明らかになっています。

本書では、感謝ノートが人生にどう役立つかについて、および感謝ノートの効果的なつけかたをわかりやすくお伝えします。それに加えて、感謝ノートの一種である「感謝の手紙」についてお伝えし、さらには、許せない人に感謝する方法、人生をもっと望むものにする上手な方法についてもお伝えします。

感謝ノートは、あなたが望む新しいあなたになる強力な味方です。感謝ノートで幸せと成長の楽しい道のりを歩みましょう！
あなたを応援しています！

二〇二〇年二月

心理学博士・公認心理師・臨床心理士　古宮《こみや》　昇《のぼる》

プロカウンセラーが教える

絶対幸せになれる「感謝ノート」

目次

Contents

第2章　感謝ノートのつけかた

第3章　感謝ノートの効果

Contents

第4章 感謝ノートで人間関係も幸せになる

第5章 人生の節目に感謝ノートを書きましょう

Contents

第6章 感謝の手紙

第7章 「許せない人」に感謝する

Contents

Contents

第1章

感謝は幸せへの最高のツール

誰だって幸せに生きたいですよね。人はみんな、「もっと成長したい」とか「もっといい人生にしたい」という強い願いをもっています。あなたがこの本を手に取ってくださったのも、「もっと幸せに生きたい」とか、「もっと心穏やかに安心して生きたい」「もっと自分を好きになって、自分の良さを生かして輝きたい」と願っているからですよね。

幸せとか、安心とか、輝いて生きる、運をアップする、ということに「感謝」がとっても関係しています。**感謝こそが、幸せ、安心、充実、開運のための最高の理想的なツールなんです！**

感謝の気持ちと幸せの関係について、多くの心理学者たちがさまざまな科学的研究をおこなってきました。

この章ではまず、それらの研究で明らかになっていることをわかりやすくお伝えします。科学的な研究のご紹介なので理屈っぽくなりがちですが、なるべくわかりやすくお伝えできるようがんばります！

そしてその後で、感謝ノートを巡る私自身の経験をお伝えしますね。

感謝の気持ちが大きい人は幸せ

たくさんの心理学研究によって、感謝の気持ちは幸福感や心の健康に、とても関係していることがわかりました。

人々の感謝の気持ちと幸福感や人生の満足度、体の健康度などの関係を調べた、たくさんの研究があります。それによって、**普段から感謝の気持ちが大きい人ほど、人生の満足度が高いし、幸福感も強いし、楽観的だし、未来に希望を感じて生きているということがわかっています**（論文1［本書220ページ「参考文献」参照］p.30）。

また、普段から感謝の思いが大きい人ほど、日々元気だし、楽しい・うれしいといったポジティブな感情を強く感じて過ごしているし、人間関係も良いと感じている傾向があります。また、ストレスやうつ気分、妬《ねた》み、不安を感じることも少ないのです（論文5 p.378／論文1 p.30、p.36）。

感謝の気持ちは、体の健康にも関係しています。普段から感謝の気持ちが大きい人

ほど健康だということがわかりました。また、感謝の気持ちが大きい人ほど、よく眠れているし、疲労感が少ないし、細胞レベルの炎症も少ないことがわかりました（論文1 p.28）。

中高生や大学生を対象にした研究でも同様のことが明らかになっています。感謝の思いが大きい学生ほど、人生の満足度が高いし、学校が好きで成績も良いし、友だち関係も良いし、家族関係、地域、学校についての満足度も高いし、人と助け合おうとするし、好きなことに夢中で取り組むことが多いし、妬みとうつ症状が少ないことがわかりました（論文2 p.296／論文1 p.39）。

でも誰だって、いつも大きな感謝の気持ちで過ごせるわけではありません。感謝の気持ちは変動し、大きい日も小さい日もあるでしょう。そのことに関連して、一三〇人の大学生を対象にした研究があります。大学生たちは毎晩寝る前に、自己肯定感の高さ、人生にどれぐらい意味を感じるか、人生への満足度の高さ、気分、そして今日一日についての感謝の気持ちの強弱を記録しました。すると、感謝の気持ちの強い日

よく
眠れている
疲労感が
少ない
今日も
いい日だった……
学校が
好き
成績が
良い
細胞レベルの
炎症が少ない
友だち関係
が良い
好きなことに
夢中になれる
人生の満足度
が高い
妬み、うつ症状
は少ない

ほど、自己肯定感が高く、人生の満足度も高く、人生の意味をより強く感じ、気分も良かったことがわかりました。しかも、感謝の気持ちが強い日には、その翌日の自己肯定感と気分が高まっていました。**つまり感謝の気持ちが大きいほど、その後に自己肯定感が上がり、気分も良くなっていたのです**（論文3 p.326）。

同じように、人々は感謝の思いが強い日ほど、その翌日を気分良く過ごせていたことが別の研究でわかりました。**今日感謝すると、明日が良い日になるんです！**（論文1 p.30）。

感謝して働く人は仕事でも幸せ

企業で働く人たちの感謝の気持ちについても研究がおこなわれています。ある企業で、従業員たちの感謝の気持ちの強さを自己報告してもらったところ、感謝の気持ちが強い日ほど、仕事への満足度が高くなりました。また、企業理念として感謝の気持ちを大切にする会社ほど、仕事に対する従業員の満足度が高いこともわかりました（論文1 p. 48）。

さらには、会社への感謝の思いが強い従業員ほど、より多くの仕事を引き受けるなど、会社にとってプラスになる行動をすることがわかりました。また、従業員たちは感謝の気持ちが強い日ほど、同僚や上司たちをよく助けるようになっていました（論文1 p. 49）。

感謝の気持ちの強い従業員ほど仕事に満足しているし、会社のためにもなる行動をたくさんするのです。

なぜ感謝すると幸せになるのでしょう

ここまで、感謝の気持ちで生きている人ほど、幸福で人生への満足度も高いし、人間関係もいいし、気分良く過ごしているし、健康であることがわかりました。

でも、なぜ感謝の気持ちが強い人は幸せ度が高いのでしょう？　そのことについても多くの心理学者たちが研究し、いろいろなことがわかりました。

私たちはイヤな感情を感じているとき、あまり柔軟に考えたり、先を見通したりできなくなります。そして、効果の薄いワンパターンの対処法を繰り返したりしてしまうことが、心理学の研究で明らかになっています。

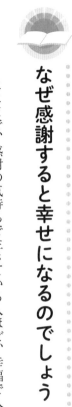

たとえば、大好きな人にフラれたとしましょう。その悲しみに飲み込まれてしまうと、「私が魅力がないからフラれたんだわ」とか、「あの人がいないとオレは幸せになれない」などと思ってさらに落ち込んでしまいがちです。

しかもそんなときには、自分にとってプラスになる最適な行動を取ることがなかなかできず、いっそう落ち込んだり悲しくなったり辛くなったりする行動をしてしまいがちです。

たとえば、引きこもっていっそう孤独になってしまうかもしれません。お酒を飲んでいっそう惨《みじ》めな気持ちになるかもしれません。そんな行動は立ち直りを遅らせてしまいます。さらには、フッた相手に怒りの電話やメッセージを送ったりして、傷口をさらに広げてしまうかもしれません。

それとは反対に、**普段から幸せな感情を感じている人ほど、辛いことが起きたときにより幅広い対処法を使えることが、心理学の研究でわかっています**（論文4 P.9）。たとえば、話を聴いて共感してくれる人に話したり、気持ちを日記に書いて整理したり、悲しい映画を見て思いっきり泣いて少しずつでもスッキリしたり、楽しい映画を見て笑ったり、よく寝たり、運動をしたりするなど。普段から幸せな感情を感じている人は、自分に合った上手な対処法を幅広く使うことができるので、早く立ち直ることができます。

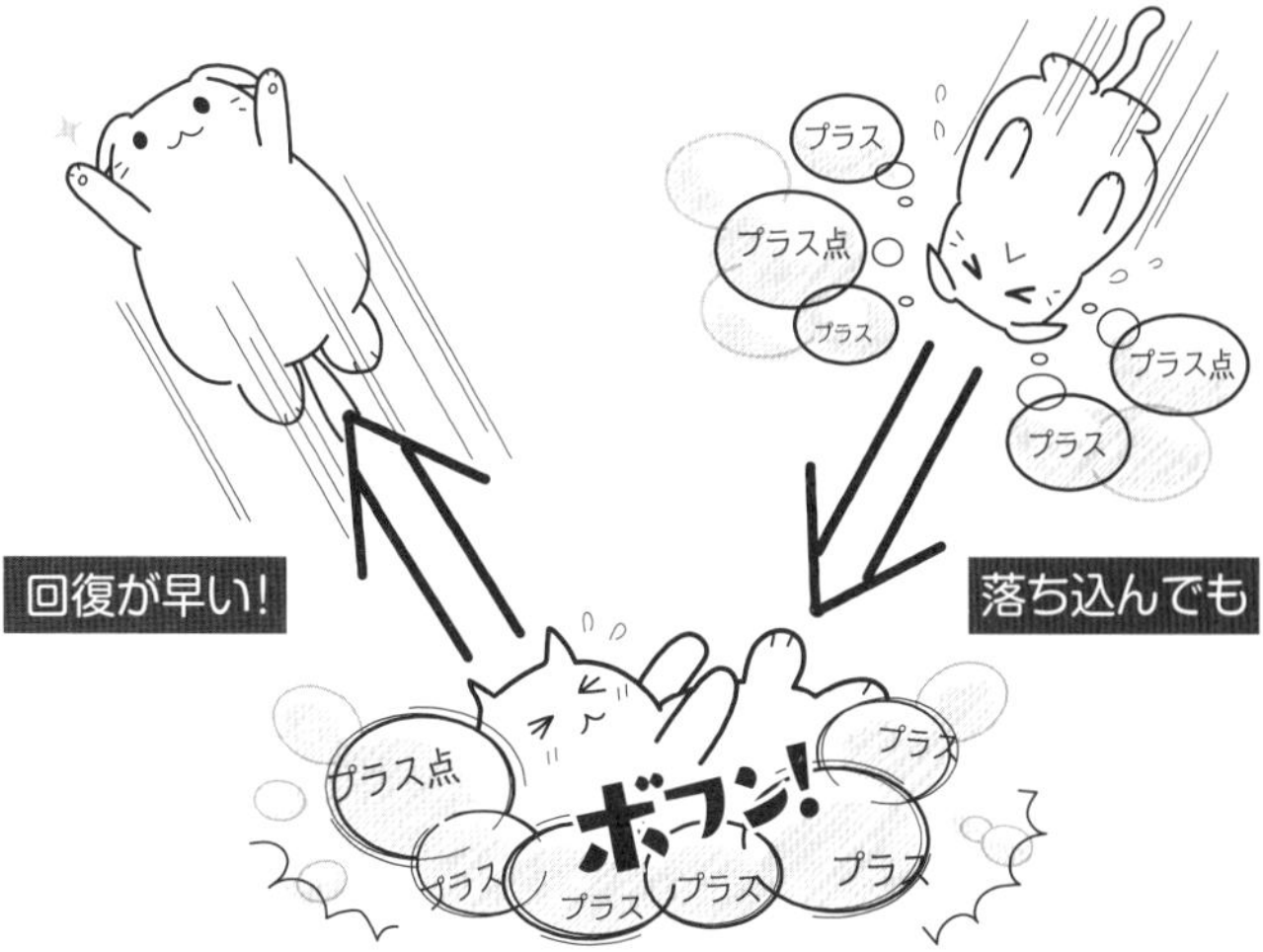

さらに、**普段から良い感情を感じることの多い人ほど、辛いことがあったときにその出来事に隠れているプラス面を見つけることが上手で、プラス面を見つけるほど、落ち込んだときに早く回復できます。**

ある心理学研究では、大切な人を失って悲しんでいる時期に、ポジティブな感情を多く感じられた人ほど、先の予定を立てたり、先の目標をもつことができたし、喪失の悲しみから早く立ち直ることができたことがわかりました（論文4 P.15）。

そうして、辛い出来事のプラス面を見つけたり、より上手な対処をするほど、ポジティブな感情がいっそう大きくなりますから、いっそう、辛いことのプラス面が見つけやすくなりますし、より良い対処法を見つけることもできます。そうして好循環が生まれます（論文4 p.16）。

さらには、**幸せな感情をよく感じている人ほど、未来をより先まで見通して考えることができます**。ですから、「この人にフラれたからといって、人生が台なしになるわけじゃないわ」とより現実的に考えることができます。

ある心理学の実験では、被験者たちに、呼吸や血液循環を測定する装置をつけました。そして恐ろしい動画を見せたり、「今から人前で話していただきます」と告げたりして、彼らを不安にしました。すると彼らは心臓がバクバクしたり、血圧が上がったりするなど緊張状態になりました。

そのあと被験者たちの半数に面白い笑える動画を見せ、あとの半数には、とくに感情を喚起することのない中立な動画を見せました。すると、面白い動画を見た人たちのほうが、緊張状態が早く通常の落ち着いた状態に戻りました。

つまり、イヤなことがあっても、幸せな感情を感じるとイヤな気持ちは早く消えるのです（論文4 p.18）。だから立ち直りが早いのです。

感謝の気持ちが大きいほど、辛い経験から成長できる

ものすごく辛い出来事や恐ろしい出来事を経験すると、PTSD（心的外傷後ストレス障害）と呼ばれる心の不調に苦しむことがあります。PTSDになると、不安になったり、イライラして怒りっぽくなったり、不眠になったり、トラウマ体験が突然思い出されてパニックになったりすることがあります。しかし感謝の気持ちの強い人ほど、PTSDになっても、その程度がより軽いことがわかりました（論文1 p.37）。

また、地震、火山噴火など自然災害に見舞われた人たち、乳がんの宣告を受けた女性たちや、銃撃事件に出くわした大学生たちなど、ものすごく辛い出来事や恐ろしい出来事を経験した人たちについての研究でも、同様の結果が出ました。感謝の気持ちの強い人ほど、それらのものすごく辛い経験を成長への機会として生かし、人としてより成長したことがわかったのです（論文1 p.37）。

さらには、感謝の気持ちと価値観が幸せに大きな影響を与えることがわかっており、そのことについて心理学の研究で興味深いことがわかっています。つぎにそのことについてお伝えします。

内面に価値を置くほど幸せになれる

人間の価値観は、内的な価値観と外的な価値観に大きく分けることができます。

内的な価値観とは、人間関係や人としての成長などに高い価値を置くことをいいます。そしてそのような内的なことに価値を置く人ほど、心が健康で、うつ症状と不安が少ないことがわかっています。

そして、**感謝の気持ちの強い人は、人とのつながりや成長など内的なことに価値を置くし、人の幸せを願い、人と自然環境を大切にする傾向があります。**それらの価値観は、人を権力で支配しようとか、自分だけが楽しければいい、という価値観とは正反対にあります（論文2　p.291、p.299）。それに対して、お金、モノ、名声、人からどう見られるか、というような外的なことに価値を置くのが外的価値観です。外的価値観の強い人ほど、成功すること、人をしのぐことに価値を置き、所有、一時的な歓び、自分の地位に執着します。

そして外的な価値観をもつ人ほど、心の健康状態があまり良くないことがわかっています。具体的には、より不幸で、自己肯定感が低いし、人生にも家族関係についても不満足度が強く孤立しがちです。人の幸せを願う思いが弱いし、あまり自立できておらず、能力が低く、人生の意味をあまり感じられていないし、うつ症状が多いし、不安が強いし、日々の喜びもあまり感じていません。そしてその人たちは感謝の気持ちも小さい傾向があるのです（論文2　p.290）。

子どもと青少年の研究でも同じようなことがわかっています。モノに高い価値を置く青少年ほど、モノを手に入れることには熱心ですが、学校には熱心ではなく、成績が低く、幸福度も人生への満足度も低く、うつ症状、不安など心理的問題をもちやすいことがわかっています。さらに、家族関係があまり良くなく、人への妬みが強く、孤立しがちで友だち関係も良くない傾向があります（論文2 p．292）。

感謝するほど心が満たされる

ここまで見てきたように、お金やモノなど外的なことに価値を置く「物質主義」の人ほど人生への満足度も幸福度も低い傾向があるのですが、お金やモノに価値を置く人のなかでも、日ごろの感謝の思いが大きい人は、人生への満足度が低くないことがわかりました。物質主義が幸福度におよぼすマイナスの影響が、感謝によってゼロになるようなのです（論文1 p．31）。

モノに価値を置く気持ちは日によって変動します。人とのつながりを大切に思うときもあれば、何かのモノに高い価値を感じるときもあります。大学生を対象にした調査で、モノに価値を置く思いが強い日ほど、人間関係の苦しみが多く、孤立感が増し

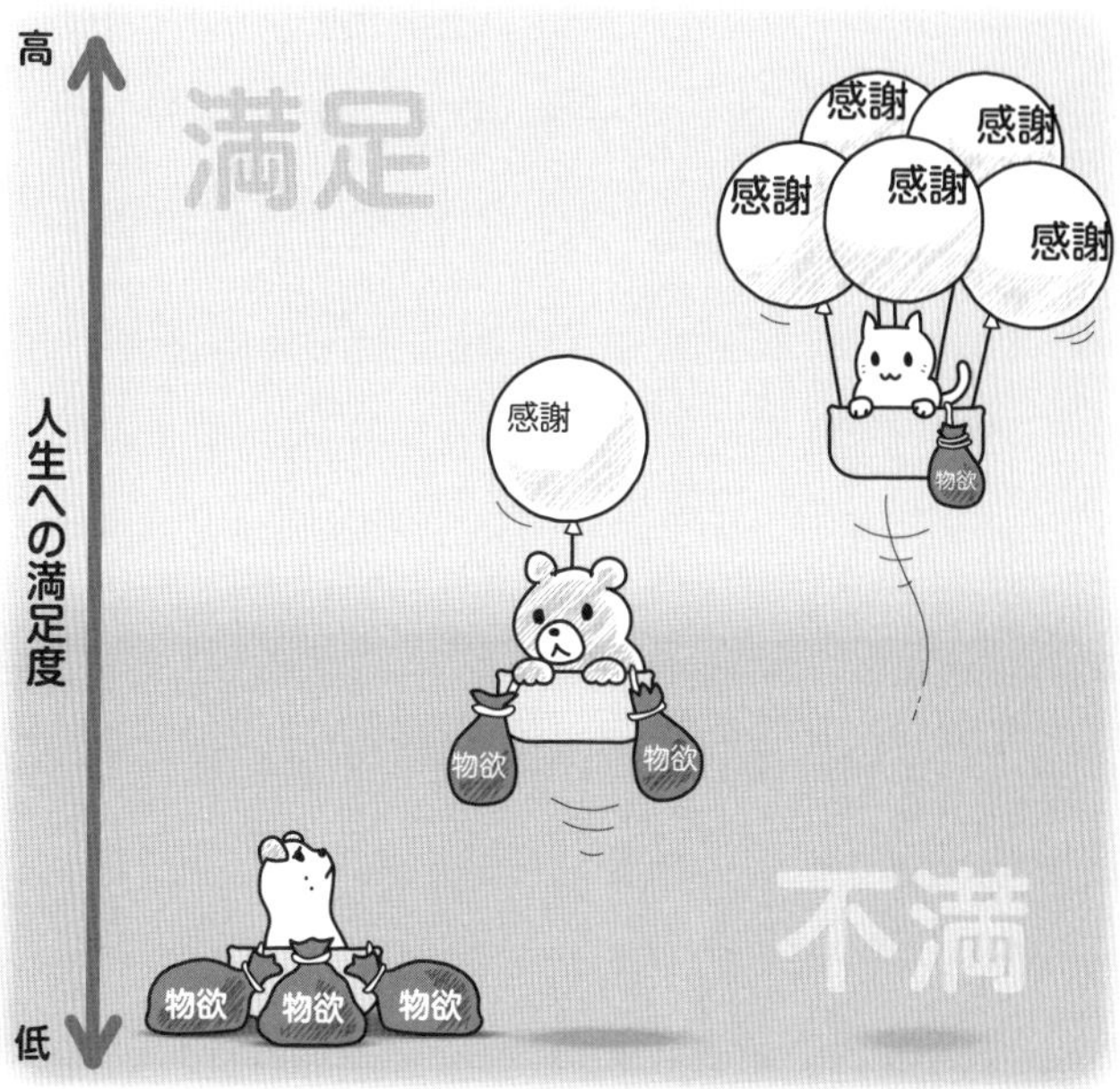

ていました。反対に、モノに価値を置く思いが弱い日ほど、感謝の思いが強くなっていたし、**感謝の思いが強い日ほど、孤立感も人間関係の苦しみも少なくなっていました**（論文2 p.299）。

感謝の気持ちが強くなるほど、人生への満足度が高くなり、お金やモノをほしがる気持ちが減ります（論文1 p.31）。感謝すると心が満たされて幸せになるので、お金やモノが必要だとあまり感じなくなるのでしょう。**ちなみに、お金を、モノを買うためではなくコンサートに行くとか外食するなど、楽しい経験をする目的で使うほうが、幸福度が上がることがわかりました**（論文1 p.52）。

このように、感謝の気持ちが強い人ほど、幸せで人生にも満足しているし、人間関係もいいし、体も心も健康だし、トラウマやいやな出来事からも早く立ち直れることがわかりました。

ところが私自身は、若いころは感謝の思いが小さい人間だったと思います。幼少期は辛いことが多かったので、感謝の思いが湧きづらかったのは自然なことだったと思います。ここからは、私自身の感謝を巡る体験をシェアしますね。まず私の生い立ちをお伝えし、その後、感謝ノートに関する私自身の体験をお伝えします。

辛かった幼少期

ある朝のこと。

まだ二歳にならない私と一歳にもならない妹。その二人の幼児が寝ていたせんべい布団の下に、父が出刃包丁を見つけました。父はビックリ仰天!!!

母でした、大きな包丁をそんなところに置いたのは。父は母をすぐ精神科に連れてゆきました。それからしばらくの期間、父は家で母を監視するため仕事に行けなかったそうです。

母は精神的にすごく不安定な人でした。私が大人になってから、母は

「なんで私は出刃包丁をあんなところに置いたのか、わからん」

と言っていましたが、親子心中するつもりがあったはずです。

世間は高度経済成長期でした。みんなどんどん豊かになり、浮かれていた時代。と

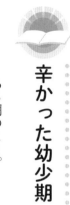

ころが私の両親は貧しく、安いアパート暮らしでした。それは父が安月給を酒や賭けごとに使ったから。母はひもじい貧乏生活でいつも空腹。お乳の出も悪かったそうです。父は家を空けることも多く、残された母は二人の小さな子どもを抱え、不安と孤独と怒りでいっぱい。

母は、生後まだ数カ月の妹を抱き、一歳の私の手を引いて駅のホームに立って線路を見下ろし、もうろうとした意識で「このまま飛び込めばどんなに楽になるだろう……」と考えたことが何度もあったそうです。

両親との別れ

私が三歳のころ、妹と私は田舎のおじいちゃん、おばあちゃんの家に預けられ、両親と離れて暮らすことになりました。母が仕事をかけもちして忙しく、妹とわたしを育てるゆとりがなかったからでした。母は昼は事務員、夜はビルの清掃の仕事に就《つ》きました。

両親は忙しい合間を縫って、たまに会いに来てくれました。でも両親の滞在は短いもの。両親が帰るとき、私は夕暮れのなか遠くに歩いてゆく両親に向かって、いつまでも手を振り続けていたことを覚えています。とても寂しかったです。だけど、おじいちゃん、おばあちゃんと暮らした田舎の日々は楽しいものでした。おじさん、おばさんたちだって優しいし、仲良しの大きな犬もいました。

冷たい都会の不仲な家庭生活

でも私が五歳のとき、両親がやって来て、妹と私は再び両親に引き取られました。それまでのどかな田舎の大きな一軒家でおじいちゃん、おばあちゃんに育てられていた状況はその日から一変。冷たい都会のぼろい安アパートでの生活が突然はじまりました。

両親は不仲で、けんかが絶えませんでした。両親はよくお金のことでケンカをしました。

私は、「お金さえあれば、こんなみじめな思いをしなくて済むのに……」と悲しかったことを覚えています。やがて父が家を出てゆきます。

「ぼくって不幸な子どもだ……」

みじめな気持ちでひとりで泣いていたことを覚えています。

母はシングルマザーになり、いっそう不安とイライラを募らせるようになりました。私は「バカ！」「アホ！」「この弱虫！」と怒鳴られ、顔をバシっとひっぱたかれたりしました。そのときの母の目は憎しみに満ちていました。

そうして私は、臆病《おくびょう》で萎縮《いしゅく》した子どもになりました。ガリガリで病弱で、小学校に入るとしょっちゅう授業を抜け出し、保健室に行って横になるような子どもでした。神経質に爪を噛《か》むクセがついたのもそのころだったと思います。

「何を考えているかわからない」生徒

そんな私は学校でも、いつもびくびくしている子どもになりました。自信がなく臆病で、小学校でも中学校でもいじめの格好の餌食《えじき》になりました。みんなの前であざけり笑われたり、校内暴力の嵐が吹き荒れる公立学校で理由もなく蹴《け》られたり……。

とても辛い思いをして過ごしました。

当時の私は、「目立つと危険だ」と心の奥で信じていたことが今ではわかります。ですからおとなしくしてあまり人目につかないようにしよう、周りに合わせよう、としていました。そのため無表情で感情を出さないし、自分の考えも言えません。中学校の通知表には、担任の先生から「何を考えているかわからない」と書かれました。

そんな境遇で育った私は、あまり感謝の気持ちをもつことができませんでした。

「幸せになりたい」

私は感謝の思いはあまりありませんでしたが、「幸せになりたい」という思いは、胸の奥にしっかりもっていたように思います。消極的な生徒でしたが、それでも公立高校受験の前には「幸せになるには学歴だ」と思って勉強しました。

高校に進学したあと成績はそれほどよくありませんでしたが、大学受験が近づくとやっぱり、学歴しか幸せになれる道具が見えなかったので、必死で受験勉強に打ち込みました。

第一志望の大学には落ちたので不本意な進学先でしたが、それでも「与えられたこの学校で精一杯やろう」と思ったことを覚えています。

後に私は米国に留学しました。必死でがんばって大学院を卒業し、州立のカウンセリング施設に心理士として就職しました。

結局、米国では八年以上に渡って五つの州に住み、そのあいだ多くの人々に出会いました。さまざまな環境で、さまざまな背景をもって生きる幸せな人たちと不幸な人たちを、たくさん見てきました。私は「幸せな人と不幸な人は何が違うんだろう?」「どうして人は幸せになったり不幸になったりするんだろう? それを左右する本当の原因は何だろう?」と深く探求するようになりました。

そうして見えてきたことは、**「人は出来事や環境によって幸せになったり不幸になったりするんじゃなく、幸せな人は幸せになる生き方をしているし、不幸な人は自分でも気づかないで自分自身を不幸にしている」**ということでした。

私はカウンセラーとして、まえがきで述べたように、心理学の研究、スピリチュアルな修業と学びもたくさん積んできました。

それらの経験を通して、感謝の大切さを知りました。

感謝ノートを知る

私が、ありがたいと思うことを書き出すようになったのは、仕事で出会った原田翔太さんの著書『一流の人脈を引き寄せる出逢いの教科書』（ビジネス社）で感謝ノートを知ってからです。

原田翔太さんは経営コンサルタントとして若くして成功しておられる方で、早稲田大学在学中に起業し、年商は一億円を超えて、いくつものテレビに出たり、ロック歌手としてメジャーデビューを果たしたり、本格的なエスプレッソを提供するカフェを立ち上げたり、大手企業の顧問をしたり、いくつもの会社を立ち上げてビジネスを展開したりするなど、多彩な方面で活躍する起業家です。

私は感謝ノートをつけるようになってから、仕事がいっそう伸び、プライベートもいっそう幸せを感じられるようになりました。

執筆の依頼をさまざまな出版社からいただくようになって、今では著書が二五冊を超え、専門分野である心理学の学術論文は国際論文を含めて五〇本以上発表し、カウンセラーとしても多くの来談者の方々からお申し込みをいただき、講演や研修の依頼もたくさんいただいています。

私にとって、そのように仕事を通して世界に貢献するのは重要なことですが、プライベートの生活と日ごろの充実感や幸福感もとっても大切で、それもありがたいことにたくさんの恵みをいただいて過ごしています。

私が人生で一番したいことは「世界の大勢の人々が、生きていてよかったーと思える、幸せで充実した人生を生きられるよう援助すること」です。その目的のために、感謝の大切さと、そのためにとても役立つ便利なツールである「感謝ノート」を多くの方々に広めたいと願って本書を書くことにしました。

ではつぎの章で、感謝ノートのつけかたを具体的にお伝えします。

第2章

感謝ノートのつけかた

ではいよいよ、感謝ノートのつけかたをお伝えします。

感謝ノートは、あなたの人生にある恵みを具体的に書いてゆくという単純なものです。ただ、上手なやりかたや、ちょっと気をつけると効果の上がる方法がありますので、それをお伝えしてゆきますね。

箇条書きにしましょう

あなたの生活にすでにある恵みを箇条書きで具体的に書き出してゆきます。作文のように文章で書く必要はありません。きちんとした文章にする必要はないんです！

そういうことは気にしないで、あなたの生活の中の恵みを一つずつ書いてゆきましょう。

今日も仕事があって、
通勤ができます。

夫も息子も
元気にしてくれています。

おしゃれな服を

「ありがとうございます」の言葉を付けましょう

恵みを書き出したら、一つずつ**「ありがとうございます」**という言葉を付けましょう。

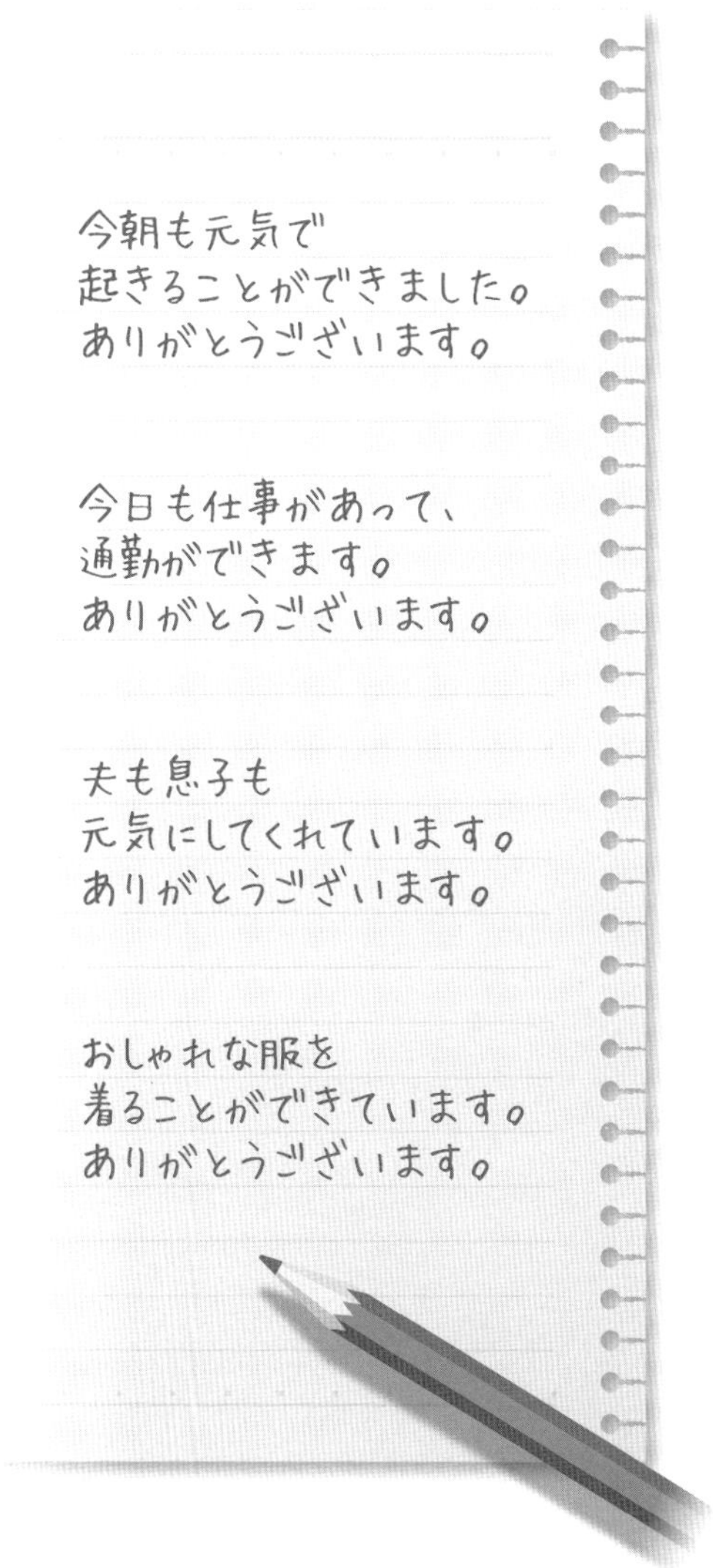

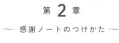

このように、一つ一つに「ありがとうございます」と感謝の言葉を付けると、感謝の気持ちがさらに強くなります。

いつ書いてもかまいません

感謝ノートはいつ書けばいいでしょう？　その答えは「いつでもＯＫ」です。朝でもいいし、就寝前でもかまいません。感謝ノートのために数分の時間を割《さ》いてもいいですが、私は朝の通勤電車など、すきま時間に書きます。そのようなすきま時間に書くと、時間を効果的に使えるのでお勧めです。

私は朝書くことが多いので、最初に書くのは「今

朝も元気に起きることができました！　ありがとうございます！」ですが、それに続いて前日にあったありがたいことがらを書くことが多いです。

また、毎日書ければ理想的ですが、書かない日があってもまったくかまいません。**感謝ノートの頻度は多いほうがいいですが、無理をする必要はありません。**ちょっと時間ができたときにサッと書くといいですよ。何かの紙の裏でも、お店でもらったレシートの裏でもかまいません。また、書いたあとは「ありがとうございます」と感謝の思いで捨ててしまってもＯＫ。書く行為自体に効果がありますから、あとで読み返さなくてもいいので、大丈夫です。

上手・下手を気にしないようにしましょう

感謝ノートはあなたがあなた自身のためだけに書くもの。人に見せるものではありませんから、上手に書こうとしたり、自分で批評したりしないようにしましょう。下

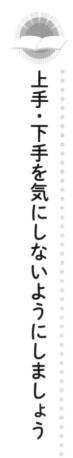

手な文章でいいんです。文字も下手でかまいませんし、あとで読めない乱筆でもかまいません。

感謝ノートは書くことで効果が生まれますので、あとで見返す必要はないからです。わかりづらい文章になっていないかとか、誤字や脱字がないかとか、そういうことも気にしないで気楽に書いてくださいね。

ノートにこだわる必要はありません

感謝ノートを始めるとき、美しいノートや可愛いノートを買ってそれに書きたい、と思うかもしれませんね。もちろんお気に入りのノートを買うのは悪くはないのですが、ノートにこだわると、それがプレッシャーになって始められなかったり、続かなかったりしがち。それに、特別な感謝ノートにしか書かないようにすると、ノートが手元にないときにちょっとのすきま時間ができても書けないし、ふと思い立ったときにも書けません。

私はノートにはまったくこだわりません。裏面が白紙の不要紙や余ったルーズリーフをクリアファイルにガサッと入れて持ち運び、すきま時間にそれに書き込んだり、本棚のすみっこにあった古いノートの白紙のページから始めたりしています。

先ほどお伝えしたように、「きちんと書こう」とか「美しく書こう」と自分にプレッシャーを与えるのではなく、ほんの短い時間でも気楽に書くことが、すぐに始めて長続きするためには大切なことです。

感謝を特別な行為にするのではなく、日常でしょっちゅう当たり前におこなう習慣にすることが大切です。ですから、かわいい感謝ノートを買ってそれに書きたいと思われるのでしたら、それとは別に、レシートの裏などを使ってちょっとしたときにもしょっちゅう感謝を書くようにすると、感謝ノートの効果がもっと出ていいですよ。

ありふれた当たり前のことも書き出しましょう

私の妹のご主人は四十代の元気なサラリーマンでした。ところがある朝、布団のなかで息絶えているのを家族に発見されたそうです。前の夜もいつものように普通に仕事から帰ってきて、いつもと変わった様子は何もなく就寝し、何の前触れも異常な様子もなく、翌朝亡くなっていたのです。

あなたが目覚めた今朝、世界には死んでしまって目覚めることのできなかった人がたくさんいたはず。**生きて目覚めることができただけでありがたいことなのです。**

感謝ノートをつけるとき、めったに起きないすごく良いことを探しているとなかなかつけられません。「海外旅行をすることになりました！」とか「娘が婚約しました！」「課長に昇進しました！」なんてことを待っていたら、なかなかつけられませんよね。

そんなビッグイベントを待つのではなく、日ごろ見逃しやすい、ありふれた当たり前の恵みを探して書き出しましょう。

たとえば、今朝も生きて起きられたこと、仕事に行けること、そのために安全な電車が使えること、食べるものがあること、体がちゃんと働いてくれること、など。

もちろん、めったに起きないすごく大きな恵みがあったときには、それも書いてくださいね。

たくさん書きましょう

感謝ノートに書く恵みは、三つでも効果があります。それってホンの二分間あればできるでしょうし、それだけでも有益です。でも、ありがたいことをたくさん書き出すほど効果が高くなります。

ですから、ものすごくうれしい大きなことを一つ書こうとするよりも、ありふれたことでいいから恵みをたくさん書き出すことです。たくさん書けば書くほど、「ありがたいなあ」という思いが強くなります。それだけ幸せ感がアップするし、人間関係にも体の健康にもプラスだし、運も良くなります。

ですから時にはいつもより時間を作って、三つといわず五個でも一〇個でも、書き出しましょう。

頭で考えるだけではなく、書きましょう

私は心理療法家（心理カウンセラー）です。心理療法のメジャーな方法の一つに、認知行動療法と呼ばれるものがあります。それは簡単に言うと、私たちが自分でも気づかないうちに日々の出来事についておこなっているマイナスの意味づけを発見し、それをもっと現実的な意味づけに直してゆくというものです。

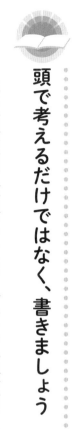

たとえば、大学生の美穂さんはレストランでのアルバイト中にちょっと失敗をしてひどく落ち込んでいるとします。美穂さんが落ち込んでいる原因は、失敗をしたからではありません。美穂さんは自分でもはっきりとは気づいていませんが、「こんな失敗をしちゃうなんて、私ってやっぱりダメな価値のない人間だわ」と考えているからです。そして彼女はそのマイナスの解釈が正しいと信じきっています。

でも、もし彼女がより現実的に考えることができたら、たとえばつぎのように考えるかもしれません。

「アルバイトで失敗しちゃって残念だわ。でも、だからといって私がダメで価値のない人間だって証拠にはならない。それに、ちゃんとできていることもたくさんある。この失敗から、○○

の大切さを学んだわ。これからもこのレストランで働かせてもらって、お給料をいただきながら成長しよう」

美穂さんがそう考えたら、アルバイトで失敗した事実を残念には思っても、ひどく落ち込むことはないでしょう。

この認知行動療法をおこなうとき、来談者は日記をつけます。そして怒り、悲しみ、落ち込みなどマイナスの感情が湧いたときには、自分が具体的にどういうマイナスの解釈をしているかを自省して発見し、現実的な解釈に変えてゆきます。それをノートに書いてゆきます。

認知行動療法において、自分でもわからないうちにしていたマイナスの解釈と、それに代わる現実的な解釈を発見しようとするときには、**それらの解釈を紙に書くこと**

がとても大切です。単に頭のなかでマイナスの解釈を発見しようとしたり、現実的な解釈に修正しようとしたりしても、なかなかうまくいきません。

感謝ノートも同様に、書くという行為に意味があります。具体的なありがたいことがらについて頭で考えるだけでも効果はありますが、それを書くほうが、効果はずっとずっと大きくなります。ですから感謝ノートをいつももち運び、少しの時間ができたときに「ありがたいなあ」と思えることをサッと書きましょう。

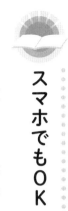

スマホでもOK

感謝ノートは紙に書く必要はなく、スマホに打ち込んでもかまいません。大切なことは、自分の手を動かして実際に書くことです。

また、聞いてくれる人がいるときには、書く代わりにその人に話しても効果があります。ですから、パートナーや友人などに、自分が感謝したいと思ったエピソードを語るのもとてもいいことです。

いつもと違う恵みも探して書きましょう

感謝ノートはいつも同じことばかりを書いていると、それが当たり前になってしまい、効果が下がることがあります。

たとえば、私は「今朝も元気で起きることができました！　ありがとうございます！」と書いており、書くたびにそのことのありがたさを再認識できて「ありがたいなあ」という気持ちになります。でも、同じことを書き続けているとそのうちマンネリ化して、その特定のことがらを書いてもありがたいという気持ちが増えなくなるかもしれません。

ですから、マンネリ化して感謝の気持ちがあまり高まらなくなったら、いつも書いていることとは違う恵みを探して書きましょう。また、できれば普段から、昨日書いた恵みとは違う恵みを探して書くといいですよ。

たとえば、お気に入りの乗りやすい自転車をもっているとか、スーパーが近所にあるので便利でうれしいとか、そもそも平和で戦争のない日本にいられることとか。

実は感謝ノートは、「もう書けることがないなあ」と思うまで書き出してから、さらに「うーん、他に何があるかな……えっと……」と考えて新しく発見し、それらを書き出すときに最大の効果を発揮します。ですから、いつもと同じ恵みを書くことに加えて、今まで気づかなかった恵みも書けると理想的です。

感謝できることが見つけられるか自信がない？

「毎日ストレスはあるし、イヤなことも多いし、日々の生活ってわりと平凡だし、そんな生活のなかに感謝できることが見つけられるか自信がない」ですって？

多くの人が、感謝ノートを書こうとすると、そう心配になるみたいです。

でも大丈夫。
感謝ノートをつけるにつれて、ありがたいことを見つける力がグングンついてきます。あなたと同じように自信がなかった人たちの体験談をご紹介します。

初めは感謝を探すことが大変でした。でも不思議なことに次第に、「これもありがとうだ！」「こんなこともありがたい！」と感じるようになっていました。今はそのこと自体に感謝を感じています。今日は夕食を作りながら、こうした何気ない日常を送ることのできる幸せをつくづく感じています。

（植松さん・静岡県・女性）

当初は、「そんなに感謝できることなんてあるかなあ？」と思いましたが、感謝ノートを書く習慣を始めて、なにげない毎日の生活の中にもたくさんの感謝できることがつまっていることに気づきました。

（藤本恵子さん・岡山県）

初めは、毎日三つも感謝できることがあるのか不安でした。しかし、感謝に意識を向け、実際に書き出してみると、こんなにも日常生活は感謝できることに溢れているのだと気づくことができました。

たとえば、電車通勤もたくさんの感謝に溢れています。駅員さんや売店の人が気持ちよく挨拶してくれたり、席に座れたりすることがあります。そもそも電車が定刻通り動くこと、それ自体が感謝です。

職場では、考えてみれば、部下が出勤して仕事をしてくれるのは有り難いことです。会社の売上を作っているお客さまにも、自然と感謝の気持ちが湧いてきます。

家庭では、以前は、専業主婦の妻が料理を作るのは当たり前だと思っていましたが、実は有り難いことだと気づくことができました。

人は、失くしてから、はじめて有り難さを知るといいます。でも失くさなくても、日常生活でちょっと意識を向けるだけで、こんなにも感謝に溢れていると気づくことができるのです。

また、感謝すると自分の心が満たされて、気持ちが安定するように思えます。人に対しても、以前より、余裕をもって穏やかに接することができるようになった気がします。「ありがとうございます」という言葉も、以前は照れくさいことが多かったのですが、今は気軽に声に出して言えるようになりました。

今後も、日々感謝を記すことは継続して、やがては習慣化していきたいです。一日一日を大切に過ごすことにもつながるように思います。

このような機会を与えて下さいまして、本当にありがとうございました。


（H・Tさん・神奈川県・男性）

第3章

感謝ノートの効果

第1章で学んだように、日ごろから感謝の気持ちが強い人ほど、人生の満足度も幸福度も高く、人間関係も良いし、心身の健康状態もより良いということが多くの心理学研究によって繰り返し示されています。

では、感謝ノートという感謝の気持ちが高まる活動によって、私たちはより幸せになったり心が健康になったりするのでしょうか？

ここからは、その疑問について心理学研究で明らかになっていることをお伝えします。

感謝ノートの心理学実験

ある心理学者たちが、一九二人の大学生を使って感謝ノートの効果を検証する実験をおこないました。大学生たちは三グループに分けられ、「感謝ノートグループ」の人たちは、週に一回、その週にあった感謝できることを五つ以内で書き出しました。

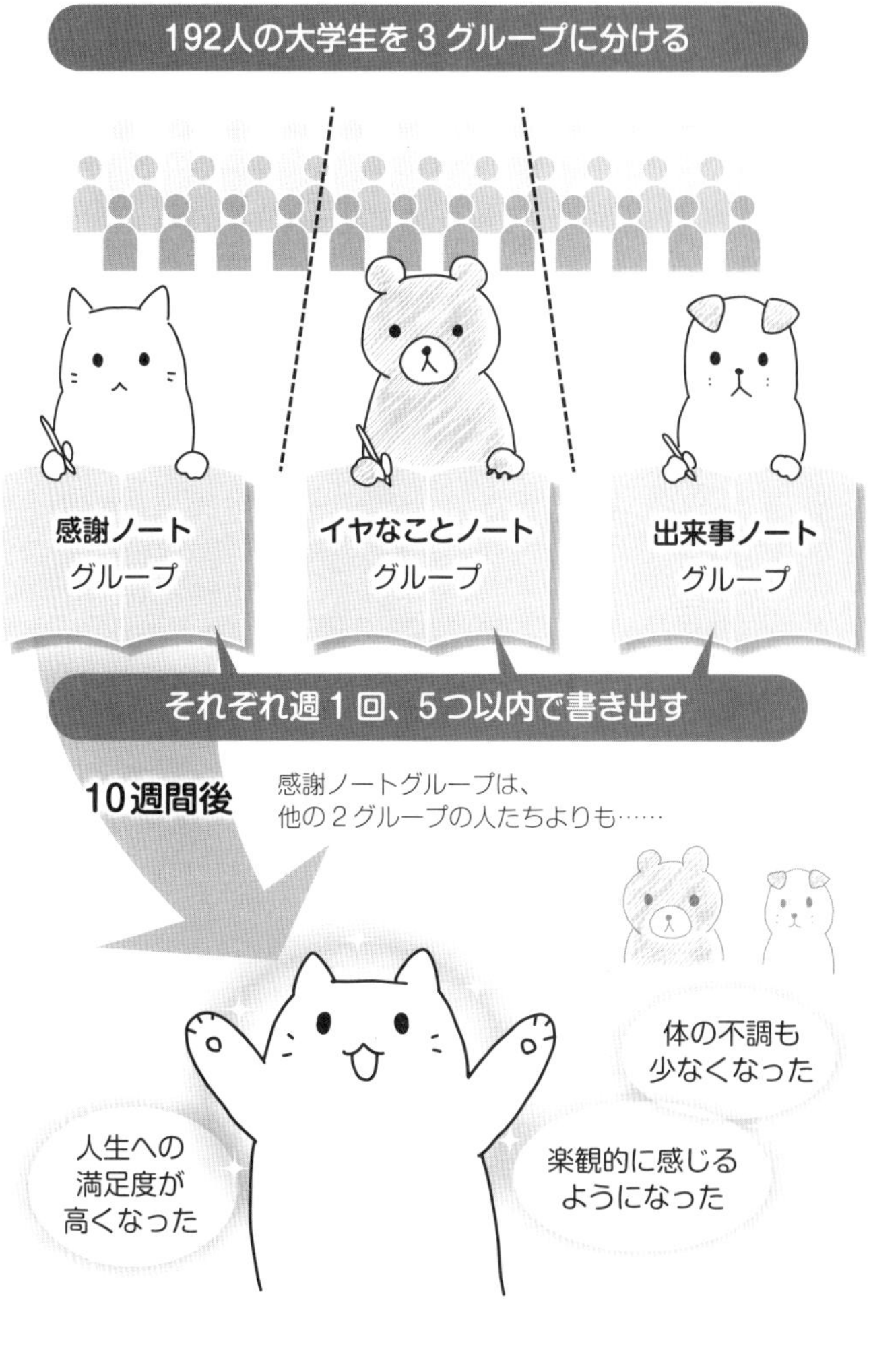
192人の大学生を3グループに分ける
感謝ノート
グループ
イヤなことノート
グループ
出来事ノート
グループ
それぞれ週1回、5つ以内で書き出す
10週間後
感謝ノートグループは、
他の2グループの人たちよりも……
体の不調も
少なくなった
人生への
満足度が
高くなった
楽観的に感じる
ようになった

もう三分の一は「イヤなことノートグループ」で、週に一回、その週にあったいやなことを五つ以内で書き出しました。残りの三分の一は「出来事ノートグループ」で、週に一回、その週に起きた重要なことを五つ以内で書き出しました。「病院に行った」「人工呼吸法を学んだ」「部屋の大掃除をした」など。そして、三グループともそれぞれの活動を一〇週間にわたっておこないました。

すると感謝ノートグループの人たちは、他の二グループの人たちよりも人生への満足度が高くなったし、翌週がどれくらい良い週になりそうだと思うか、についても楽観的に感じるようになりました。さらには、頭痛、腹痛、めまい、息切れ、食欲減退など体の不調も少なくなっていました（論文5 実験1 p.378）。

中学生にも感謝ノートは効果があることがわかっています。ある心理学者たちが、中学生らに感謝ノートを二週間にわたって毎日書いてもらったところ、マイナス感情が減り、楽観的になり、人生への満足度が高まり、学校への満足度も高まりました（論文1 p.39）。

ある女性が、感謝ノートによる変化について彼女の経験を教えてくださいました。

今日の感謝を書く、ということをする前の私は、何をしても怒りや不安を感じる時間が多かったのですが、感謝することがらを一日の終わりに書くと決めているため、感謝する出来事を常に意識するようになりました。すると、怒りや不安にとらわれなくなりました。

電気がつく、水が出る……などの当たり前になってしまっていることや、些細《ささい》なこともありがたく感じられ、一日のうち幸福感が感じられる割合が多くなりました。

また、人の笑顔がすごくありがたく感じられて、嬉《うれ》しい気持ちになりました。

素晴らしい習慣を教えていただきありがとうございます！

（ＢｙｃＡｔ・石川県・女性）

身体疾患をもっている人たちへの感謝ノートの効果

先天性神経筋疾患の成人患者六五名が二グループに分かれ、「感謝ノートグループ」は毎晩寝る前にその日の感謝できることを五つ以内で書き、「特に何もしないグループ」は、課題はなく普段通りに過ごしました。また、両グループとも、毎晩寝る前に、その日の気分と、人生への満足度、人々とのつながりをどれくらい感じるか、および睡眠の質について、数字で評定をしました。両グループともそれぞれの活動を三週間にわたっておこないました。

すると、感謝ノートを毎晩つけた人たちのほうが、日々の生活においてポジティブな感情をよりたくさん感じており、ネガティブな感情は少なくなったほか、人生全体に対する満足度も、これからの人生についての楽観度も、周囲の人々とのつながり感も、睡眠の質も、より良くなりました。

さらには、一緒に生活をしているパートナー（配偶者など）に、被験者について

評定をしてもらいました。すると、感謝ノートを書いた被験者たちのほうが、パートナーから、ポジティブな感情をたくさん感じているみたいだし、人生への満足度も高そうだ、と評定されました。つまり、感謝ノートの効果は、本人が感じることに加えて彼らのパートナーにもわかったのです（論文5 p.384 実験3）。

感謝ノートの効果は時間がたつほどにいっそう高まる

感謝ノートの効果は、時間がたっても持続するし、それどころか時間がたつほど効果がアップすることがわかっています。

それを明らかにした研究を紹介します。米国の大学生一一九名を使った心理学実験です。その研究では、大学生たちを二つのグループに分けました。「プライド・グループ」の人たちは、毎日三つずつ、自分が他の人たちよりどう優れているかについて書きました。「感謝グループ」の人たちは、毎日三つずつ、感謝できる出来事について書きました。

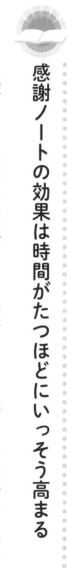

両グループともそれを一週間おこなったところ、「感謝グループ」の人たちのほうが「プライド・グループ」の人たちよりも、人生への満足度が上がり、気分もよくなっていました。

しかも、両グループの人たちの人生の満足度と気分を、書き出す活動を終了した一

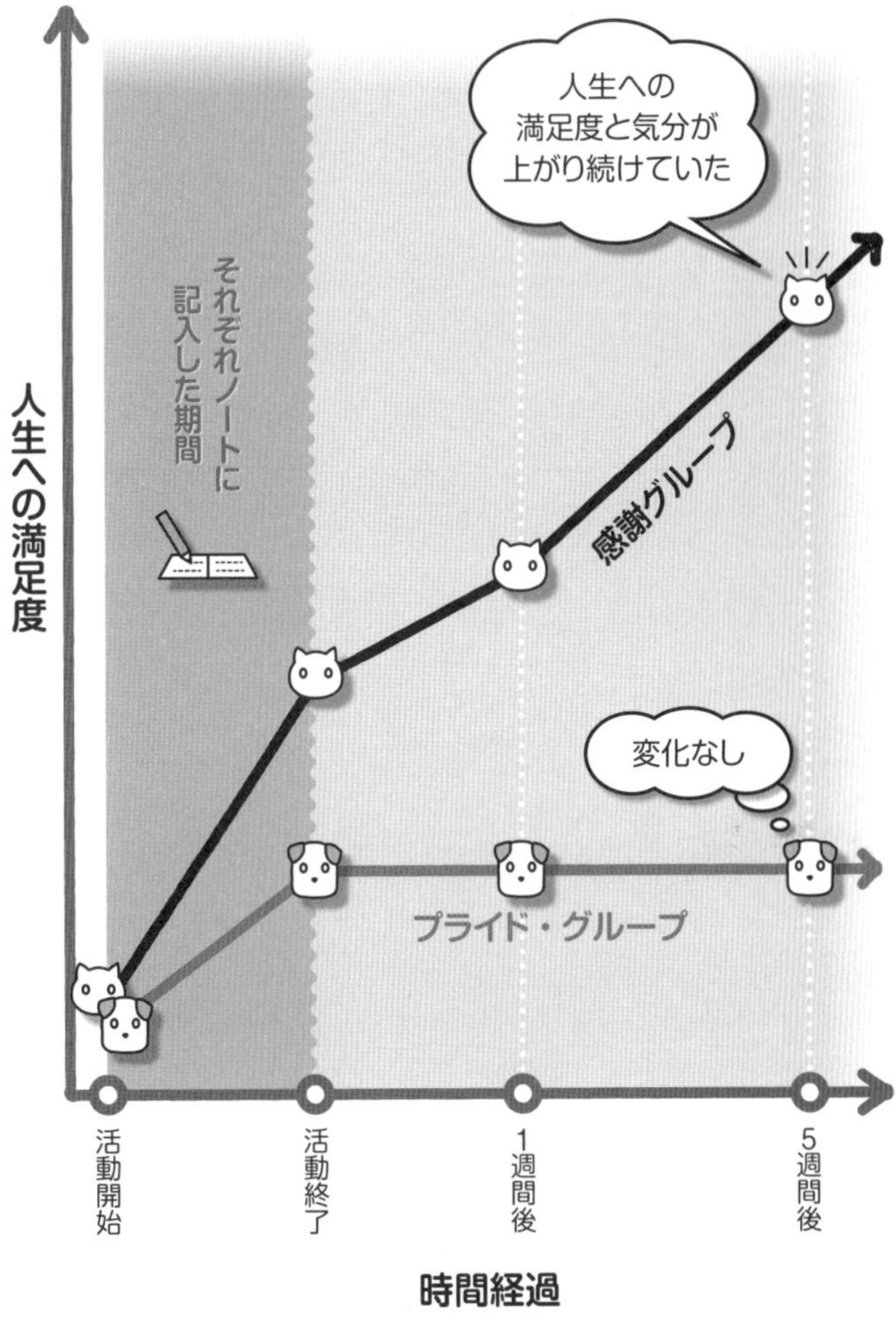
人生への満足度
それぞれノートに記入した期間
人生への満足度と気分が上がり続けていた
感謝グループ
変化なし
プライド・グループ
活動開始
活動終了
1週間後
5週間後
時間経過

週間後と五週間後に追跡調査したところ、「感謝グループ」の人たちは、書く活動を終えてから一週間後、さらに五週間後と、人生への満足度は上がり続け、気分もさらによくなっていたのです。それに対して、プライド・グループの人たちは活動が終了して一週間後、五週間後に変化はありませんでした（論文3）。

つまり、他人と比べて自分のほうが優れていると考えるよりも、謙虚に感謝をするほうが、人生への満足度も気分もより向上し、効果も長く続くのです（論文3）。

ある女性は、かつて自分を褒《ほ》める努力をしておられたそうです。その方が、自分を褒めることと感謝ノートを書くことの違いについて教えてくださいました。

私は、「一日三個の自分褒め」で自分を認める努力をしてきました。（でも感謝ノートを毎日つけていたら）世の中の見え方が変わってきました。……日常でも「ありがとう」をたくさん言えるようになりました。今まで「すみません」、と言っていたところが「ありがとう」に変わったら、何だか周りに笑顔がいっぱいになりました。

（岩田幸子さん・神奈川県）

感謝ノートの効果があとにも続くことは他の研究でも観察されました。ある心理学者たちが被験者に、毎日ありがたいことを三つ書く活動を一週間だけおこなってもらい、その人たちを半年後に追跡調査したところ、半年後でも幸福度が高まっていました（論文1 p.32）。

働く人が感謝ノートを書くと、仕事の幸せ度がアップする

働く社会人たちが感謝ノートをつけると仕事での幸せ度がアップすることがわかっ

ています。ある実験では大学職員たちに、仕事について感謝できることを書き出してもらい、その人たちを追跡調査しました。すると、彼らの仕事への感謝の気持ちが高まっていたし、職場でポジティブな感情を感じることが増えていました（論文1 p.49）。

医療・健康関連の仕事をしている人たちに、週に二回、四週間にわたって、仕事のプラス面を書き出す活動をしてもらいました。すると彼らの心理的ストレスもうつ症状も減りました（論文1 p.49）。

学校の先生たちに、感謝ノートを八週間にわたってつけてもらいました。すると先生たちは、人生への満足度が高まり、気分が良くなり、達成感も強くなり、人に対するネガティブな態度が減り、心理的な疲労感も減りました（論文1 p.49）。

感謝ノートの効果のまとめ

このように、感謝ノートは大人にも子どもにも、つぎのような効果があることがたくさんの心理学研究からわかっています。

幸福度が増大する。人生への満足度が高まる。人生が花開いているという感覚が高まる。自己肯定感がアップする。人に対する信頼感が増大する。ポジティブな感情が増える。楽天的になる。ストレスが軽減する。うつ症状に苦しんでいる人は、うつ症状が緩和され、ポジティブな感情が増える。女性は自分の体に対する不満足度が減る（論文1 p.32）、などなど……。

さらに感謝ノートは、普段から気分が下がり気味で、自分を否定してしまう傾向の強い人に、より大きな効果があることがわかっていますし、感謝ノートをいい加減に書くよりも、心を込めて書くほうが効果が高いこともわかっています（論文3 p.330）。

なぜ感謝ノートで幸せになるのでしょう

ここまで見てきたように、感謝ノートは幸せ度をアップし、心の健康にもいいし、人生を向上させることがわかっています。では、なぜ感謝ノートはプラスの効果があるのでしょう？　その理由についても、心理学の研究からたくさんのことがわかっています。それらをお伝えしてゆきます。

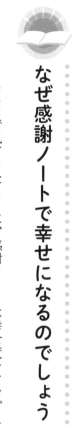

1　いろんな恵みが当たり前でなくなる

私たちの心は、同じ状況が続くとそれに慣れてしまい、注意を向けなくなります。私たちの心がそのようになっている理由は、生物進化における生存競争に関係しています。同じ状況が続いているということは、とくに命の危険が迫っているわけでもなければ、今までなかった食べ物を見つけたわけでもないということです。ですから、そのようないつもと同じことがらにいちいち反応していると、そのことで忙しくなり新しい変化に注意を向けるゆとりがなくなってしまいます。すると、猛獣や敵が近づいてきたり、獲物となる小動物が現れたりした重大なときに、そのことに気づくことができず、襲われて殺されたり、食料を逃がして餓死したりしてしまいます。

ですから、生活のなかにいつもずっとあるポジティブなことがらには、私たちは慣れてしまって気がつかなくなりがちです。それが当たり前になってしまい、喜びを感じづらくなるのです。

そこで**感謝ノートを書くことによって、すでに人生にある恵みに改めて気がつくことができて、感謝と幸せを感じることができます**（論文1　p.33）。

その効果を実感しておられるお二人の女性の体験談をご紹介します。

ありがとうございますという感謝の言葉は、よく口に出していました。

でも今回、感謝できることを半月続けて書いただけで、幸せな気持ちになることが増えてきました。

「朝、自然に目が覚めてありがとう」

「疲れて帰って来るのに、毎晩夕食後の後片付けをしてくれる主人に、ありがとう」

「人のお役にたてる仕事ができることに、ありがとうございます」

書き出すことで、当たり前だと思っていた日常のあらゆる出来事が、ありがたく感謝できるって気づき、幸せな気持ちになったのでしょうね！

また、周囲の人たちへの感謝だけではなく、自分自身に向けられたありがとうございますも、いっぱい見つけられたことも、すごく大きな効果でした。

これからも、書き出すことで、〝感謝の種〟を、いっぱいみつけていきたいです。


（原田桂子さん・滋賀県）

今日感謝できることを書いてみて、まず、たくさんの人やことに支えられていることをあらためて意識できました。私にかけていただいた優しさやいたわりなど、小さいかもしれないけれどキラキラ輝く宝石を拾いあつめるような気持ちです。宝石が「こんなにある!!」と幸せな気分になりました。

その一方で、疲れているときなど、どんなに現状に不満感をもっていても、やっぱり自分は支えられてなんとか一日を終えていたことを認識し、「疲れたけど、自分は一人じゃない、人がいてくれて生きていられている」と落ち着いた気持ちで一日を終えることができました。

また、子育てでイライラしてしまうことに悩んでいました。でも書き出してみると、子どもの無邪気な姿に癒されて感謝している自分をたくさん発見しました。自分って実は子どものことがこんなに好きだったんだなぁ、とうれしくなりました。イライラがまったく無くなったわけではありませんが、子どもが愛《いと》しい気持ちが増したし、接しかたの幅が広がった気がします。

（樋口範子さん・静岡県）

2　これまでの人生を肯定できる

感謝ノートをつけると、過去のポジティブな経験をより多く思い出せるようになることがわかりました。

ある研究では、たった一週間だけありがたいことを毎日三つ書いた人たちを半年後に追跡調査したところ、過去の幸せな出来事をより容易に思い出せるようになっていました（論文1 p.32）。

同じように、自分が他人に比べていかに優れているか、について毎日書いた人たちよりも、感謝できることを毎日書いた人たちのほうが、過去に起きた良かった出来事をよりたくさん思い出せるようになっていました（論文6）。

ですから、**感謝ノートをつけると、これまでの人生についてより肯定的に感じられるようです。**

ある女性がそんな体験談をお寄せくださいました。

毎日ありがたかったことを三つ書いています。

毎晩、心に思うだけでなく実際に文字として書くようになってから、ずいぶん気持ちの変化を感じています。

もし今死を迎えたら、私の葬儀に集まってくれた人たちに向けてどんな手紙を書くだろう、と思ってみました。すると、心残りなことを書くかと思ったら、意外に「ここまでやれた」という、自己肯定的な文章なんです。

死の恐怖もないのです。

毎日ここまではやれた。ありがとうございます。そんな気持ちなんです。

日常生活のなかでも、自然に「ありがとうございます」と言えるようになり、感謝の気持ちがさらに重なってゆくようです。

感謝の気持ちを死ぬまで書きたい、そんな気持ちになりました。


（島野浪江さん・愛知県）

3　効果的な方法で対処できるようになる

私たちは日ごろ、困難なことがあったりいやな出来事が起きたりしたときに、さまざまな対処法を使います。そして、対処法のなかには比較的効果的なものと効果の薄いものがあります。

効果の薄い対処法の例としては、困難に直面することを避けて問題がないフリをしたり、アルコールを飲んでごまかしたり、自分を責めたり、他人を責めたりする、というものがあります。

それに対してより効果的な対処法としては、困難に直面して一つひとつ丁寧に問題を解決したり、人に必要な助けを求めたり、いやな出来事に隠れているプラスのことを見つける、などの方法があります。

そして心理学の研究によって、**普段から感謝の気持ちの大きい人ほど、より効果的な対処法が使えることがわかりました**（論文1　p.34）。ですから、困難に遭《あ》ったりイヤな出来事があったりしたときに、感謝の気持ちの大きい人ほどマイナスの感情を小さくすることができたり、困難からさらに成長したり人生を向上させたりすることができます。実際のところ、私たちは感謝の気持ちが強いとき、ネガティブな経験の中にある具体的なプラスを見つけやすくなることがわかりました（論文1 p.34）。

そのことに関連して、ある女性が感謝ノートの体験談を書いてくださいました。

入院と手術を経験したからこそ、日常生活に感謝できるようになったのだと、辛かった日々にたくさんのプラスを見つけられました。そして、辛いときに支えてくれた人たちを思い出して改めて感謝しました。

感謝できることは私の周りにたくさん溢れていて、辛いことがあった人にはその分感謝できることも増えるのだと思います。

ありがとうございました。

（明希さん・北海道）

4　自分の価値を感じられる

感謝ノートを書くと、自分自身について、これだけ多くの助けや恵みをいただく価値のある人だ、という感覚になります（論文1 p.35）。

自己概念は人生を決めるとってても大切なものです。**感謝ノートによって、自分自身について価値がない人だとか、欠点が多い人間だ、というようなネガティブな自己概念が変化し、自分自身の価値を感じることができるのです。**この変化は、人間関係にも、経済的豊かさにも、健康にも影響する重要な変化だと思います。

感謝ノートによるそのような変化を、ある人がシェアしてくださいました。

私は自分を好きになり自信をもっていろいろなことに挑戦できる自分になりたい！　という目標をもっています。毎日、感謝の出来事を書くようになり、明らかに変化を感じたことがあります。

それは、今まで自分を褒めたことなんてなかったのに、「いつもがんばってくれている私の身体さん、今日もありがとう」と思えるようになったことです。

毎日、感謝の出来事を書き続けてゆくうちに、自分の気持ちがとても穏やかになっていくのが自分でもわかるようになりました。心に余裕が生まれ、仕事も順序よく片付くようになり、時間が私に合わせてくれるように感じられます。

そして、心に芯が通った感じです。

腹の立つ出来事があっても相手を責めることがなくなりました。そして、私はこう思うけど相手はどう思っているんだろう、と相手の気持ちを考えられるようになりました。そして相手がどう思っていたとしても、そこに新たな課題ができたことにまた感謝したくなります。

そうして毎日が幸せな気持ちで過ごせるようになりました。

この習慣をこれから先もずっと続けてゆきたいと心から思っています。本当にありがとうございます。

（笹野井紀子さん・静岡県）

・自分に対してジャッジすることが減ってきた。心の安定感が高まった。
・バカボンのパパの心境「これでいいのだ」と受け取れる感じです。
・感謝を言葉にして書くことで、より繊細な感覚を自分の内側に見いだすことができた。
・今日の感謝を書くことは、ただありがとうを並べることではなくて、自分との対話、自分の感性との響き合いを感じるような大切なひとときになりました。心からありがとうございます。

（門田保子さん・広島県）

5　世界への信頼感が増える

感謝ノートをつけて自分にたくさんの恵みが与えられていることにはっきり気がつくことで、世界への信頼感、この世界で生きていることの安心感が増えます。感謝ノートをつけた人たちが、その変化を報告してくださいました。

全部が感謝に満ちていて、こんなに世の中がうまくできているなら、自分はこの世界に守られて愛されているのではないか……とそんな感覚になります。本当に世界は感謝で溢れているんだと感じるようになりました。

「あなたがいる場所は安全で、愛と感謝に溢れているのですよ。そんな場所で生きているのだから大丈夫。もっとのびのびとして、自分自身も自分の思いも大切にしていいんだよ」、そんな風に言われているみたいです。

毎日の感謝を続けることで、この世界に対する安心や信頼が増したと感じました。

そしてそれは自分自身や他者の尊重と信頼にもつながっていると思います。

（長崎香織さん・富山県）

すべてのことがつながっており、そのつながりの大きさのなかで自分が存在していること、育《はぐく》まれていること、生かされていることを感じ、さらに感謝が湧いてきた。

（門田保子さん・広島県）

6　謙虚になる

感謝の思いが大きい人は謙虚であることが心理学の研究でわかっています（論文1 p.38）。感謝ノートを書いて「ありがたいなあ」と思うとき、私たちは自分のことを他の人たちと同じだけ価値ある人だと感じると同時に、謙虚な気持ちになります。

傲慢になると中庸に戻す出来事が起きる

ここで大事なことを一つ、言いますね。**それは、私たちは傲慢《ごうまん》になると、それを中《ちゅう》庸《よう》に戻すために他人からの批判、失敗、ケガなどを引き寄せる、ということです。**私たちは他の誰とも同じだけ価値ある人間であり、それを忘れそうになったときには、バランスを取り戻せるよう私たちに必要なことが起きます。

私たちはプラスとマイナスの両方を受け入れて中庸であるとき、本来の良さ、本来の能力を最高に発揮します。

「自信がない」人ほど他人を批判している

「自分を認められない」「自信がない」「自分のことを、これじゃダメだ、とすぐ否定してしまう」と悩む人はたくさんいます。でも、そのように自分に対して批判的な人は、実は他人に対してもとても批判的です。他人について、心のなかでしょっちゅう「あの人はひどい」とか、「くだらない」「けしからん」などと批判しています。でも、自分がそうしていることに気づいていない人も多いものです。

そして、他人のことを批判しているとき、私たちはその人と比較して自分のことを正しいとか立派だと見なしています。

つまり、私たちが他人に対してイライラや、怒りや軽蔑心などマイナスの感情を感じているときには、自分のことを無意識のうちに「あの人より立派だ」「あんな人より自分は道徳的だ」「自分のほうが能力の高い優れた人間だ」などと見なして傲慢になっているときです。

そしてその状態は、自分の本来の良さが輝き出すことのできない意識状態です。さらには、「自分はあの人とは違う」という分離意識をもっている状態です。

宇宙は私たちを中庸に戻そうとする

私たちの意識がそんな状態になったときには、中庸に戻ることができるよう、誰かの批判や拒否を引き寄せたり、何かがうまくいかなかったりします。それによって、「自分は思っているほど立派でも優れているわけでもない」ということを教え、中庸さと人々とのつながりを取り戻すことができるよう助けてくれるのです。

ですから反対に、謙虚になるとき、そのように気が滅入ったり落ち込んだりする出来事を引き寄せずに済みます。

そうして生きるほうが、感情の浮き沈みに翻弄《ほんろう》されて生きるよりも賢明だと思います。実際のところ、研究協力者の人々から「とくに賢明な人」として名前の挙がった人々への面接調査によって、賢明な人たちは感謝の思いが大きく、感謝をたくさん口にすることがわかりました（論文1 p.38）。

7 前向きな行動が増える

私たちは、感謝の気持ちが強くなると、健康のために運動をよくおこなったり、目先のことよりも長期的な視点でものを考えたりするなど、人生をより向上させる行動をより多く取るようになることがわかりました（論文1 p.34）。ですから、感謝ノートによって人生がより望むものに変わってゆくのです。

ここまで、なぜ感謝ノートには人生をより進歩させる効果があるのか、について心理学研究でわかったことをお伝えしました。感謝ノートにはさらに、人間関係を良くする力があることがわかっています。

つぎの章では、感謝ノートによってなぜ人間関係が良くなるのかを解明した心理学研究の知見をご紹介します。

第4章

感謝ノートで人間関係も幸せになる

幸せ・不幸せは人間関係で決まる

人生で幸せだったころのことを思い起こしてください。きっと人間関係が良かったはずです。家族の仲が良かったとか、仲良しの友だちがいた、恋人とラブラブだった、会社の人間関係が良かった、など。

反対に、あなたの人生で辛く苦しかったときのことを思い起こしてみましょう。そこには人間関係の苦しみがあったのではないでしょうか？　家族の不和、離婚の危機、恋人との別れ、親友の裏切り、友だちがいなくて寂しかった、学校でいじめられた、職場の上司から辛く当たられた、など。

人生の幸不幸を決める最大の要因は、学歴でも仕事でもお金でもなく、人間関係です。

そして、感謝ノートは人間関係にも効果があることが、心理学の研究で明らかになりました。この章ではそれについてお伝えします。

感謝ノートで「仲良し脳」になる

心理学と脳科学の研究により、感謝の思いが大きな人は、他人の幸せを強く喜ぶ脳の反応をすることがわかりました。つまり、感謝の思いが大きな人は、人の幸せを自分のことのようにうれしく感じる利他的な脳をもっているようです。

さらに、感謝ノートを三週間つけた人は、そのような利他的な脳の反応がより強くなりました。感謝ノートをつけることによって脳の反応が変化するのです。しかも、感謝ノートをつけるのをやめてから三ヶ月後に再び測定しても、利他的な脳の反応は続いていました（論文1 p.17）。

前の章で、感謝ノートをつけると過去のポジティブな出来事を思い出しやすくなるため人生を肯定できる、とお伝えしました。そのことに加えて、**感謝ノートをつけると人の幸せがうれしく感じられる「仲良し脳」になるのです！**

感謝ノートで思いやりのある人になる

いくつもの心理学の実験により、感謝の思いが大きくなるほど、人のためにたくさん行動するようになることがわかりました。「人のためにする行動」とは、食べ物を人とシェアするとか、後ろから歩いてくる人のためにドアをもって開けておく、ボランティア活動に参加する、寄付をする、人に共感する、人を尊重する、人を許す、などの行動を指します。ある心理学実験では、感謝の思いの大きい人ほど、寄付を依頼されたときにより多い金額を差し出しました（論文1　p.41）。

感謝ノートを毎日二週間つけた人たちのその期間中の行動について調べたところ、他の人に対して、慰《なぐさ》めたり、話をよく聞いてあげたりするなど心のサポートを提供することが多くなっていました（論文1　p.42）。

また、人は感謝の思いが大きくなると、困っている人を助けるためにより長い時間を割いて努力することがわかりました（論文1　p.42）。

そのように、私たちは感謝の思いが大きいとき、人に親切になったり、人を受け入れるようになったりします。思春期の男女も同じように、感謝の気持ちが強くなったあとには、人のためになる行動が増えました（論文1　p.39）。

感謝ノートで怒ることが減る

私たちは、誰かといるときに感謝の気持ちが高まると、相手と同じような行動をするし、相手と同じ目標をもつし、相手からのアドバイスを聞き入れるようになることが研究でわかりました。さらには、人を責めたり怒ったりすることが減り、人に寛容になって許すようになることもわかっています。さらに、私たちは感謝の思いが大きいときには忍耐強くなってイライラしづらくなることがわかりました（論文4　p.16／論文1　p.38）。

つまり、**感謝の気持ちが大きいほど、人に対して怒りっぽくならず寛容になり、人**

と調和して仲良くなる行動が増えるわけです。ですから、人間関係が向上するのは当然のことでしょう（論文1 p.47）。

私たちは、感謝の気持ちが大きいほど、人と幸せを与え合ったり支え合ったりできる関係を作りやすくなりますから、幸せなことがあったときにはその幸せを分かち合ってもっとうれしくなるし、辛いことがあったときに、それを一人で耐えるのではなく、人から支えてもらえます。

人に感謝を表現すると幸せになる

人に感謝を伝えると、伝えてもらったほうはもちろんうれしいですが、伝えたほうの人も幸せになることがわかっています。

ある心理学者たちは、八九名の少年少女たちを二グループに分けました。一つは「感

謝の手紙グループ」で、そのグループの子どもたちには、大切な人に感謝の手紙を書いてそれを自分で本人に直接手渡してもらいました。もう一つは「日記グループ」で、その子どもたちは、その日あった出来事を日記に書いてもらいました。

両グループの子どもたちがそれぞれの活動をおこなってから二ヶ月後に彼らの気分を測定したところ、感謝の手紙グループのうち、日ごろからあまり良い感情を感じることが少なく過ごしていた子どもたちは、「日記グループ」の子どもたちよりも、気分が良くなり感謝の気持ちも大きくなっていました（論文3）。

同じように、別の実験では被験者たちに周囲の人々に感謝を表現したり、親切なおこないをしたりしてもらい、六週間後に追跡調査をしました。すると、彼らの人間関係の満足度が高まっていました（論文1 p.47）。

また週に一回、三週間にわたって誰かに対して感謝の手紙を書いた人たちは、幸福度が増し、うつ気分が減り、人生の満足度が高まりました（論文1 p.33）。

つまり、**私たちは人に感謝を伝えるほど自分が幸せになるのです。**

人は感謝されるとうれしい

生き物のなかで、感謝されてうれしいと感じるのは人間だけ。私たちは、人に感謝を伝えるとうれしくなりますが、もちろん感謝してもらってもうれしいもの。

私たちは、誰かが感謝の気持ちを伝えてくれると、その人と一緒にいたいと思うようになるし、他の人たちに対しても優しい行動をよりたくさんおこなうようになることが、心理学の実験でわかりました（論文1　p.43、p.45）。人に感謝を伝えると相手はうれしくなり、その人との関係が近くなるのです。

恋愛カップルや夫婦でも、相手への感謝をたくさん表現すると、関係が良くなります。そのことについてお伝えするに当たって、まず愛情貯金という考えかたを紹介します。そしてそのあと、相手への感謝をたくさん表現すると関係が良くなる、ということを実証した研究を紹介します。

愛情貯金ってなに？

米国の結婚心理学者ジョン・ゴットマン博士は、仲良しの夫婦と離婚する夫婦の何が違うのかを、膨大な数の夫婦を研究して明らかにしました。彼が見つけたことの一つが、仲良しの夫婦は日ごろからお互いにちょっとした気遣い・優しさをたくさんしている、ということです。

ちょっとした優しさの行動とはたとえば、

●寝ている夫・妻の掛け布団を、肩にかけてあげる。
●寝室が寒くないよう暖めておく。
●食料品を買いに行ったら夫・妻の重いビニール袋を持ってあげる。
●一日の疲れを癒すために、肩や背中をマッサージしてあげる。
●電車の切符を相手の分も買う。
●仕事帰りに、ちょっとしたおみやげを買って帰る。
●帰り道に、夫・妻に必要な日用品などの買い物をして帰る。
●車で送り迎えをするとき、面倒くさそうなそぶりを見せず、
こころよくさっと行く。

こんなホンのちょっとした優しさが、パートナーとの「愛情貯金」を増やします。

幸せな人は恋愛や結婚の相手に対して、普段から「愛情貯金」をたくさんしています。だからケンカになったときにエスカレートしなくて済みます。反対に幸せじゃない人は、普段からの「愛情貯金」が乏しいので、ケンカをしたときに怒りをとめることができず、エスカレートしてしまう傾向があります。

あなたから、ちょっとした優しい行動をしましょう

もしあなたにパートナーがいるなら、まずはあなたから、相手への優しさの行動・思いやりの行動をたくさんしましょう。うまくゆく夫婦はちょっとした気配りをたくさんします。その積み重ねがすごく重要なのです。

もちろん、高価な誕生日プレゼントや二人っきりの旅行などの大きなイベントはいいことですから、それらはぜひ実行しましょう。

でも、**幸せなカップルになるためには、めったにできない大きなイベントをたまにするよりも、誰にでもすぐできる日ごろのちょっとした気遣いと優しさの行為をたくさんすることのほうがずっと重要です。**

日ごろからお互いにちょっとした優しいおこないをして愛情貯金をせっせと積み立てているカップルは、もめごとがあってもそれまでの二人の愛情がたくさんあるから、別れずに済みます。つまり、日ごろからお互いへの思いやりを行動と言葉で表現しているカップルこそが、仲良しでいられるカップルなのです。

そして、愛情貯金を増やす効果的な方法の一つが、相手への感謝を伝えることなのです。つぎから、感謝の大きさとカップルの幸せ度の関係について、心理学の研究でわかったことをお伝えします。

相手への感謝の気持ちが幸せを生む

恋人や配偶者への感謝の気持ちが大きい人ほど、恋愛・結婚関係への満足度が高いことがわかっています。

しかも、人々の恋人や配偶者への感謝の気持ちの変化を日々追っていった研究から、相手への感謝の気持ちが大きい日の翌日には、恋愛・結婚関係への満足度がいっそう高まることがわかりました。つまり、相手への感謝の気持ちが大きいと、それが原因となって恋愛・結婚関係の満足度が高まるようなのです（論文3 p.325）。

一方で、相手が感謝を感じとること

が大切、と述べる研究もあります。

ある心理学研究で、パートナー（配偶者または恋人）と一緒に住んでいる人たちに、一ヶ月のうちに四回〜六回、パートナーに感謝の気持ちを伝えてもらいました。仮に、Aさんがパートナーである Bさんに感謝を伝えたとします。するとAさんは、パートナーのBさんに感謝を伝えたあと、幸福度もパートナーとの関係についての満足度も高まっていました。

しかし、Bさんが、Aさんは自分のことをわかってくれているし、本当に感謝してくれている、と感じていないときには、Aさんは感謝を伝えたあとに幸福度は向上していませんでした。つまり、Aさんの感謝の表現がうそだったり無理やりだったりしたときには、感謝を伝えた側が、幸せにはなっていなかったのです（論文1 p.47）。

同じように、相手から感謝の言葉を言われたときに、言われたほうの人が、相手が本当に感謝してくれている、と感じられなければ、感謝を伝えてもカップルの関係は良くなっていませんでした（論文1 p.46）。

ですから、感謝の表現は純粋なものでないといけませんし、また、感謝の思いが相手に伝わることが大切です。

パートナーに感謝が伝わると幸せになる

恋愛関係についても、さまざまな研究がなされています。

カップルの一方が相手から優しい行為をしてもらって感謝の気持ちになったとき、その翌日にはカップルの両方ともが、相手との関係について満足度が高くなっていたし、きずなが強まったと感じていました（論文1 p.45）。

さらに、カップルの相手から感謝されていると感じている人ほど、九ヶ月後の追跡調査で、相手への感謝の気持ちが強くなっていましたし、その相手との関係をより大切にしていました（論文1 p.46）。

また、お互いへの感謝をより多く表現するカップルほど、経済的不安、親の介護、女性の乳がんなどストレスの高い状況になったときに、ストレスが緩和されるという研究結果もあります（論文1　p.47）。

つまり、カップルにおいて、相手に感謝をちゃんと伝えるほど、お互いに幸せになっていたのです。

感謝ノートの人間関係へのプラスの影響

感謝ノートをつけて人間関係が良くなった方々の報告をご紹介します。

明らかに自分でも変化を感じたことがあります。まずは、反抗期の息子があいさつを以前より大きな声でしっかり言うようになりました。「おはよう！」「おやすみ！」「いただきます」「ごちそうさま」「行ってきます！」「ただいま！」と反抗期の息子がしっかり言ってる！　と感じるようになりました。とても心が幸せな気持ちになりました。

（笹野井紀子さん・静岡県）

感謝ノートを書く習慣によって、こんなことがありました。

フェイスブックで、いとこのお姉ちゃんの名前を見つけていたのですが、親戚のいざこざがあったため、友だち申請をためらっていました。でも勇気を出して、やりとりを始めました。もう二十五年も会っていなかったいとこで、彼女はその間、大病したり人間関係で悩んだり、うつ傾向で調子も悪いようでした。

私はなんとか元気にしてあげたいと、注1アカデミーで学んだことも頭に置きながら話を聞いてあげていました。すると、得意の小物作りを生かして町内イベントに参加したい、と言うまで元気になりました。

私は心から協力したいと思いました。

こんなに元気になってくれたこと、再会できたことがとてもうれしかったです。

またそのいとことの再会で、疎遠だったおばさんとも仲良く話をするきっかけができました。

やっぱり、感謝していると良いことが舞い込んでくるんですね。

ありがとうございました。

（藤本恵子さん・岡山県）

注1　古宮昇主宰「スピリチュアル心理学オンライン・アカデミー」のことを指しています。

感謝できることを書くといっても、最初はなかなか思い浮かびませんでした。でも次の日になると感謝を探すことから始められるようになり、いっけんするとマイナスなことにもそれと同じくらいプラスのこともあると思うようになりました。

すると、この自分がいるこの世界が当たり前ではなく、生かされている、という感覚がわかるようになりました。

今日、家族にご飯を作れるのも当たり前ではないと思うと、それまではただただ面倒だった料理もありがたいと思いながら作れるようになりました。いつもより少し凝《こ》った料理にしてみようと挑戦したら、子どもたちにメッチャ喜ばれて、ますます料理をする意欲が湧く、というすばらしい循環になっています。

（k・yukAさん・静岡県）

（感謝ノートをつけることによって）感謝の心で人を見ると、おのおのが自分のやりかたでよりよい時間を過ごそうと努力していることがわかるようになりました。相手の言葉や価値観が私の価値観と違っていても、素直に受け取れる私がいることにビックリしています。

（岩田幸子さん・神奈川県）

このように感謝ノートは、幸せな人生のためにいちばん大切な人間関係を良くする効果があります。

第5章

人生の節目に
感謝ノートを
書きましょう

会社を辞めるとき、転職するとき、卒業するとき

人生にはたくさんの節目があります。転職や卒業、引っ越し、結婚や離婚など。そして一つの段階を終えるときに、その段階に対して感謝の思いで終えると、つぎの新しい段階が感謝色に染まり、ありがたいなあ、と思えることが増えます。

反対に、前の段階での出来事や人に対して怒りや不満があるほど、つぎの段階でもそのことが（自分では気づかないかもしれませんが）、さらなる不満や怒り、傷つき、重荷などマイナスの経験の原因になったり、運を低下させたりします。

ですから、人生の節目では、前の段階についてなるべく大きな感謝の思いが湧いている状態でつぎの段階へ進んでゆくことができるよう、感謝ノートを役立てましょう。その例を挙げてゆきますね。

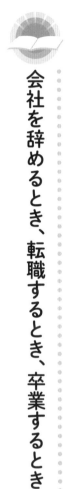

会社を辞めて独立するときや、他の会社に移るとき、または定年で引退するときには、これまでの会社に対して感謝の思いでそこを去ることができるほど、つぎの会社や仕事、リタイアメント後の人生がより恵み豊かなものになります。

ですから、前の会社や仕事であなたがいただいた恵みを箇条書きにたくさん書き出しましょう。そしてなるべく大きな感謝の思いをもってつぎに進みましょう。

私の転職の経験

私は二十年間近く、大学教員をしながら非常勤で心理カウンセラーの仕事をしていましたが、教授職を辞めて心理カウンセラーとして独立しました。

私は大学を退職する前に、大学からいただいた恵みを具体的にたくさん書き出しました（ただし、教授会中に、配布資料の裏にせっせと書いていたことはナイショです）。書き出した恵みの数は二八二個にもなりました。もっと休まずにちゃんと教授会に出

●大学について感謝できることを書いた紙

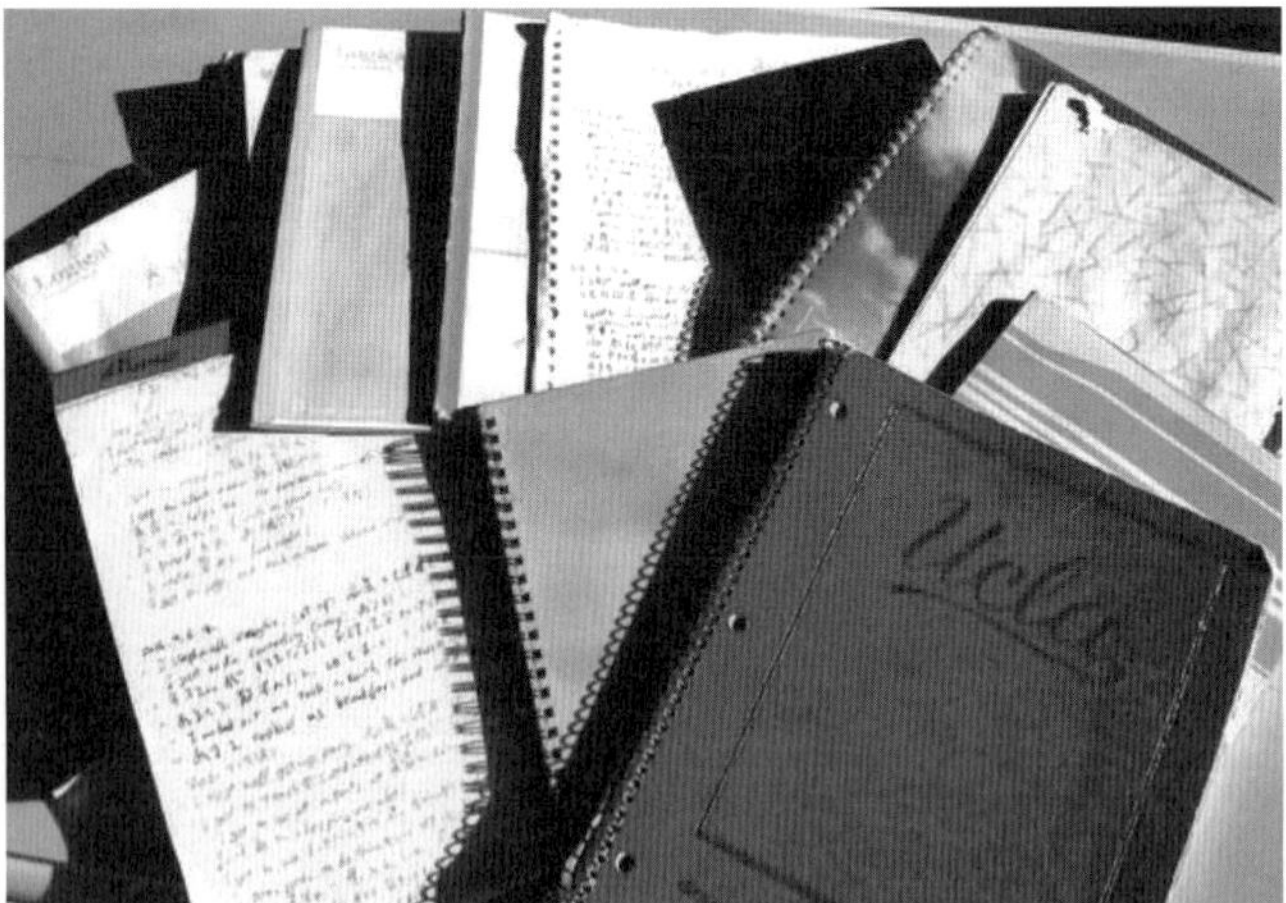

●著者の感謝ノート

席していたらもっと増えたでしょうケド。

すると、大学に対して「本当にありがとうございます!」と感謝の気持ちがとっても強くなりました。そこで辞める前に学長のところに行って「退職したあと、大学のために私にできることは無料でも喜んでさせていただきますので、たとえば効果的な授業法の研修など、遠慮なく私を呼んでください」とお願いしてきました。

今の会社が新しい自分に不要になれば、辞めるのが自然

転職する人のなかには、前の会社に対して不平不満の気持ちで辞める人も多いかもしれません。でも、それは本人にとって不幸なこと。

仕事でも会社でも、私たちがつぎの段階に進むために不要になれば、卒業するのは自然なことです。小学校が終われば中学校に進むようなもの。

ところが、「つぎの段階に進むから」というのは正当な理由ではない、と無意識的

に信じていると、その仕事や会社を辞める特別な理由が必要だと思ってしまうことがあります。すると、その理由を作る目的で、自分でも気づかないうちに、仕事や会社や会社の人間関係を嫌ってしまうことがあります。なかには、会社の誰かに腹の立つことをさせて、「会社がひどいから！」「上司ががまんできないから」等という、自分で正当だと思う理由を作って、やっと会社を辞められる人がいます。または、同じ理由から、自分でも気がつかないうちに会社にとって迷惑な行動をし、会社から辞めさせられる、という経験を選ぶこともあります。

しかし、会社を辞めたり職業を変えたりす

るために、それまでの会社や仕事を嫌ったり、それらに怒ったりする必要はありません。**ただつぎの段階に進みたいから、ということで十分なのです。**小学校を卒業する子どもは、小学校を憎むから卒業するわけではありませんし、小学校は価値のないダメな場所だから行かなくなるわけでもありませんよね。

ですから会社を辞めて他の会社に移るとき、または定年で引退するとき、職業を辞めるとき、学校や学びのサークルを終えるときなどには、それまでいた会社や仕事、学校、サークルのおかげであなたが得た恵みを箇条書きでたくさん書き出しましょう。その活動の目標は、感謝の気持ちでいっぱいになるまでたくさん書き出すことです。

思いつかなくなるまで書き出してからが勝負

そのときに覚えていてほしいことがあります。それは、**恵みを箇条書きに書き出してゆき、「もうこれ以上は思いつかないなあ」と思ってペンが止まってからが勝負だ**

ということ。さらに恵みを探しましょう。かならず見つかります。「もう思いつかない」と思ってからもっと恵みを見つけて書き出すとき、会社や仕事、学校への感情が感謝へと変化します。

でも、がんばって恵みを書き出したけど感謝でいっぱいにはなれないこともあるかもしれません。それでも、不満や怒りの気持ちが減って感謝が増えたら、そのワークをした効果があります。

恋愛の終わりや離婚、友だちとの別れ

さきほど退職や転職について、それを終えてつぎの段階に進むために前の会社や仕事を嫌いになる必要はありません、とお伝えしました。そのことは人間関係にも当てはまります。

あなたが特定の相手と恋愛関係、夫婦関係、親友関係を結んだのは、人生のその時

点で、その関係になるのがあなたにも相手にも最善のことだったから、その人間関係を結んだのです。

でも、私たちは常に変化し、成長しています。今までの人間関係が新しい自分にとっては最善のものではなくなることがあります。そのときには相手にそれを伝えて、お互いに無理なく歩み寄ることができるかどうかを検討することができればベストでしょう。

しかし、今の相手との関係が双方にとって最善の関係ではないし、最善の関係になるようお互いに心から納得し合意をして新しい関係を育ててゆくこともできないときには、その人との今の関係性を解消することが、あなたにも相手にも最善のことです。

たとえば、恋愛関係を終えて、友だち関係になったり、または遠くから相手のことを想う関係になったり。

ですから、恋愛の終わり、離婚、親友との別れなどが、怒りや傷つきの経験である必要はないのです。

無意識のうちに仲違いや傷つきを作ってしまう

ところが、さきほどお伝えした転職の場合と同じように、恋愛、結婚、親友との関係などの人間関係を解消するに当たって、「つぎの段階に進むから」というのが正当な理由ではない、と信じていると、その人間関係を終える特別な理由が必要だと思ってしまうことがあります。

すると、その理由を作る目的で、自分でも気づかないうちに、相手を嫌ってしまうことがあります。その目的で相手の嫌いなところを探すのです。

また、ときには相手に腹の立つことをさせて、「あの人がひどいから！」と正当化して、やっと別れられることもあります。

または同じ理由から、相手の嫌がることをして相手から嫌われてしまい、「あの人が私を拒否したから」という理由で関係を解消することもあります。そうすれば、自分から関係を終わらせる罪悪感を感じなくて済むのです。

過去の恋愛に感謝できないと未来の恋愛にマイナスになる

かつての恋人について幸せになってほしいと心から純粋に思うことができないとすると、それはそう思えない本人にとって不幸なことです。というのも、つぎの恋愛に臆病になったり、新しい恋人に対して心を開くことができなかったり、前の恋愛と同じように辛く悲しい経験をする相手を選んでしまったり、そのようなことになりがちだからです。

なお、**人との関係が終わることはあり得ません。**今までとは違う関係性に変わるだけです。たとえば、恋愛関係を終えて会うことはなくなったとしても、その人との関係が終わるわけではなく、これまで一緒に住んでいたとか、週に一回会っていたとか、セックスしていた関係性が、物理的には会うことはなく思い出を心に抱く関係性へと変化するということです。

相手との関係について感謝ノートを書きましょう

その相手とのこれまでの関係性を終えるにあたって、その相手とその関係からいただいた恵みを具体的にたくさん書き出しましょう。そうして、相手に対して心からの感謝の思いをもってそれまでの関係性を卒業することができるほど、つぎの人間関係が、恵み豊かで「ありがたいなあ」と思えることの多い人間関係になります。恋愛であれば、これからの恋愛関係がより恵み豊かなものになります。

相手との関係がもたらした恵みを書き出す

と、その関係を終えることが悲しくなったり、その関係に執着してしまいそうに感じられることがあるかもしれません。そのときには、**その関係を終えることのプラスをたくさん書き出しましょう。**たとえば恋愛関係であれば、それを終えることには、一般的につぎのようなプラスがあります。他の友だちと仲良くなる。家族との仲が近くなる。新しい恋愛のチャンスができる。出費が減る。趣味や勉強など他の大切なことに時間が使える。デートほど外見を気にすることなく気楽に外出できる。外出や旅行などで相手に合わせず、あなたが好きな場所に行ける、……などなど。

恵みを探すときは、創造的になって、あれこれいろいろな角度からプラス面をたくさん探しましょう。

一年の終わりに

私は毎年の恒例行事として、毎年十一月から十二月に、その年にあった恵みを二〇〇個書き出しています。二〇〇個という数字にとくに意味があるわけではありません。それが私にとっては、簡単にスッと思いついて書ける数を超えており、がんばって考えなければならず、だからといって不可能でもない数なのです。ただしこの原稿を書いている時点では、今年の恵みを二六二個書き出せたので、来年は三〇〇個にするかもしれません。

ともかく、一年の終わりが近づいたら、あらかじめ数を決めて、その数だけ今年いただいた恵みを書き出しましょう。そうして今年について「あぁ、たくさんの恵みをいただいたんだなあ。本当にありがたいなあ」という気持ちで新年を迎えましょう。すると新年がいっそう恵み豊かな一年になります。

ぜひあなたも、生活のなかで感謝を伝えることを習慣にしてくださいね。

また、生活に感謝と幸せをさらに増やす方法をもっとお伝えするプレゼントを、本書の読者であるあなたのために準備しています。そのプレゼントを手に入れる方法を本書の巻末に載せますので、ぜひ手に入れてくださいね！

第6章

感謝の手紙

感謝ノートの一種に、感謝の手紙があります。人に対する感謝の思いを手紙にするものです。感謝の手紙も私たちを幸せにします。この章では感謝の手紙の効果とその書きかたをお伝えします。

感謝の手紙を書くと幸福感が高まる

心理学の実験で、人々に週に一度、三週間にわたって誰かへの感謝の手紙を書いてもらいました。するとその人たちは、幸福感が高まり、うつ気分が減り、人生の満足度が高まりました（論文1 p.33）。

なお、誰かに対して、一般的な感謝の思いをつづる手紙を書くよりも、その人がしてく

れた具体的なおこないを書いてそれへの感謝を述べる手紙を書くほうが、人に優しい気持ちになっていました（論文1　p.42）。

つまり、誰かへの感謝を手紙に書くだけで幸せ度が増すし、その効果は、相手の何について感謝しているかを具体的に書くほうが高くなります。

手紙を渡す

感謝の手紙を書くことに加えて、その手紙を自分で直接相手に渡すと、長期間にわたって幸せ度が増えることがわかりました。

八九名の少年少女たちを「感謝の手紙グループ」と「日記グループ」の二つに分け

ました。「感謝の手紙グループ」の子どもたちには、大切な人に感謝の手紙を書いてそれを自分で本人に直接手渡してもらいました。もう一つの「日記グループ」の子どもたちは、その日あった出来事を日記に書いてもらいました。

そして二ヶ月経ったあとに彼らの気分を測定しました。すると、感謝の手紙グループのうち日ごろから良い感情を感じることが少なかった子どもたちは、手紙を渡してから二ヶ月もたっていたにもかかわらず、「日記グループ」の子どもたちより気分が良くなり、感謝の気持ちも強くなっていました（論文7）。

あなたの葬式に参列してくれている人たちへの手紙

感謝の手紙のなかでも、あなたの葬式に参列してくれている人たちへの手紙を書くと、これからの人生をもっと満足のゆくものにするために、とっても役に立ちます。なぜならそのとき、私たちは自分が死ぬ運命にあることに向き合うからです。そうすることによって、今いただいている生が当たり前ではなくなり、ありがたいプレゼントであることがわかります。

そのことについて少し詳しくお伝えしてゆきますね。

人は死の恐怖から目を背けて生きている

私たちはいつも死の未来に近づきながら生きています。しかし、いつ死ぬかがわかっていないため、死ぬという現実について考えることなく日々を過ごしています。

でも、それでも死はいつも私たちの意識下に存在し、広範囲にわたって私たちの考えかた、感じかた、行動に影響を及ぼしています。

たとえば、年末になると「あぁ、今年ももうすぐ終わりだ！」と焦りを感じますよね。それは、時間に限りがあること、つまり人生の終わりが近づいていることを知っているからです。

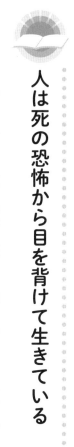

死への態度が生に大きく影響している

また、大学生は留年をすごく嫌がります。それにはもちろん経済的な理由があるでしょう。留年すれば授業料を余分に払わなければなりませんし、社会で働き始めるのが遅くなる分だけ収入も減ります。でも、学生が留年を嫌がる理由はそれだけではありません。自分の時間が永遠にないことがわかっていることです。未来が減ってゆくのがわかっているのに、今の状態に留まることが怖いのです。

私たちはまた、若さも未来の可能性も失い続けています。老いてゆく現実、命を失う現実を、生きなければならないのです。

つまり、私たちの心にはいつも死の恐怖があります。自分がなくなってしまう恐怖です。しかし普段は、それを感じないようにしながら、死について考えないようにしながら、暮らしています。

自分は死ぬという事実にどういう態度で向き合うか、もしくは向き合わないかということは、私たちの生きかたに大きく影響しています。

死ぬ運命にあるという事実を受け入れて生きるほど、毎日がプレゼントであることが感じられ、有限の生をありがたく精一杯生きることができます。生きる喜びが増えます。

でも、死の恐怖に向き合うのはとても恐ろしいことです。だから人は自分でもわからないうちに、その恐怖から目を逸《そ》らそうとして、日々のあれこれに心を忙しくしたり、エンターテインメントで心を埋めたりします。**人は、死の現実から目を逸らし、死を否定しようとして、とても多くのエネルギーを消費しているのです。**

人はどんな方法で、死から目を逸らして死を否定しようとしているでしょう？　そのよくある例をいくつか挙げます。

「永遠の愛」を求めたり、いつまでも自分のことを覚えていてほしい、という願いは、自分の存在が死によってなくなることの恐怖から逃れたいという願いから来るものでしょう。誰かが自分を「永遠に」愛してくれたら、または「いつまでも」覚えていてくれたら、自分の肉体がなくなったあとも、自分という存在は幻想的に残るかのように思えるのです。

思い出を残すのも、死の恐怖から逃れる方法でしょう。時間はいつも過ぎ去っており、今という時間は常になくなり続けています。そのことに直面することは、自分も人生もそのうち無になるということに直面することです。しかし過去を保存しておけば、人生を失っていないかのように思えるのです。

また今の日本では、アンチ・エージングや健康増進へのこだわりは常識だと言えそうです。「いつまでも若々しく元気でありたい」という願いに多くの人々が大金と多くの時間を費やしています。病気をしたり体力が衰《おとろ》えたりすると不便や苦痛を強《し》いられますので、それをいやがるのは自然なことでしょう。でも、「いつまでも若く元気」という願いは、死からの妄想的な逃避でもあります。

時間と戦う人

仕事中毒も、死の不安から逃れようとする方法の一つです。仕事中毒には、少しでも先に行き、少しでも多くを成し遂げ、少しでも高く昇らなければならない、という焦りがあります。ですからいつも追われています。生きることは「もっと成功した（強い、優れた、豊かな、など）人になること」「何かを達成すること」であり、それに近づいていない時間は生きている時間だとは感じられません。

私は大学一年生のとき、なるべく上級生用の授業を取ろうとしました。その理由は、同級生たちよりも「先に進んでいたい」という思いがあったからだということが、今はわかります。私のその行動も、時間に戦いを挑もうとする努力であり、それは究極的には、死ぬ運命に直面することを回避しようとする方法です。

仕事中毒の人にとって時間は敵です。いくらがんばっても未来は減り続け、「永久に進歩し続ける」という幻想を打ち砕くからです。でも、私たちが時間との闘いに勝つことはあり得ません。

何かに「時間を忘れて」没頭したいと願うのも、時間が敵だという感覚から来るものでしょう。スピリチュアル・マスターのエックハルト・トールは、人々がジェットコースターやバンジージャンプに興じるのは、あれこれ考えてしまう思考の苦しみから一時的に逃れるためだと述べています。それはつまり、ジェットコースターやバンジージャンプという、思考するゆとりのない状態にみずからを置くことによって、時間の存在を一時的に忘れることができるからだと言えるでしょう。

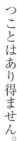

生はプレゼント

自分が死ぬ、という事実から目を逸らして、その事実をごまかしながら生きるとき、未来を失っているという漠然とした不安を生きます。そのとき私たちは「いま」を生きていません。死に本当に向き合うほど、「いま」の大切さ、ありがたさがわかり、漠然と死を怖がるのではなく、「いま」を生きることができます。

私たちは、自分の死に直面するとき、成長します。成長による変化の一つに、それまで当たり前だと思っていた日々を貴重なプレゼントだと感じ、感謝の気持ちで過ごすようになるということがあります。

「何もせず過ごしてしまった今日という一日は、昨日死んだある人がそんなにも生きてみたかったその一日でもある」

右の言葉は、末期患者のケアをするホスピス看護師の占部久仁子さんが教えてくださったものです。占部さんはさらに、がんによる余命宣告を受けた三人の患者さんのお話をしてくださいました。

1.「風邪、ひきなや」

ある女性患者に、末期ガンの激しい痛みを緩和するため、強いモルヒネを投与することになりました。それが投与されると意識が明瞭でなくなり、家族との会話もあまりできなくなります。

モルヒネを投与する前の、看病する娘さんへの最後の言葉は、「風邪、ひきなや」でした。

このあまりにありふれた短い言葉に、娘さんへのとても大きな愛が込められていることが感じられます。

2.「思い出をたくさん」

ガン末期の男性が語ります：「妻に思い出をたくさん作ってやりたいんです。旅行とか温泉とか、そんな特別なことじゃなくていい。そう思う私は、弱い人間でしょうか」

3．「いちばん大事なのは人への思いやり」

前の奥さんとも娘さんたちとも断絶状態だった男性。人生の最期だから、ということで娘さんらが交代で看病に来るようになりました。

「わし、仕事一二〇％でやってきた人間や。それが最後にこうして娘たちに世話してもらえて、何よりや。いちばん大事なのは、人への思いやり。娘たちにそれを学んでほしいし、わしも学びたい」

このように、人は死に直面するとき本当に大切なものを大切にするようになります。死によって人は生まれ変わるのです。私が受験生のとき、ラジオ講座で聞いた言葉をご紹介します。

昨日のあなたが今日のあなたでないように
明日の君はもう今日の君ではないはずだ

もしもう一度人生を生きられたら

最後に、詩を紹介し、ついでワークを紹介します。詩はナディン・サティア（Nadine Satier）という名のおばあさんが、死を目前にして書いたものだと伝えられているものです。もとは英語のこの詩を私が邦訳したものです。

もしもういちど人生を生きられたら

もしもういちど人生を生きられたら、

もっとたくさんの失敗をしようとするでしょう。
もっとリラックスして、のびのびして、今までの旅よりもっとばかになって生きるでしょう。

今になって知ったことは、
重大なこととして受け取ることなどほとんどないということ。

もっと危険に挑戦し、もっと旅行をして、もっと山登りもして、
川泳ぎだってもっとして、もっと夕日をみるでしょう。
アイスクリームをもっと食べて、豆はあまり食べないでしょう。
想像だけの困難は減らして、現実の困難をもっと抱えるでしょう。

そうよ、私はたくさんの人間と同じように、来る日も来る日も、
浅く、正気に、常識的に生きてきた。

そりゃ、きらめく瞬間もあったわよ。
もしすべてがもう一度やり直せるなら、
あのきらめく瞬間をもっともっと生きようとするでしょう。というよりも、
それ以外にはなにもいらないでしょう。

ただ、今の瞬間だけを生きる。瞬間、そしてつぎの瞬間。
何年も先々のことを心配するのではなく。

たくさんの人々みたいに、私も、
どこへ行くにも必ず温度計と、保温水筒と、水中めがねと、雨具と、パラシュートを抱えていく人だった。

(もしボビーも一緒に旅行していたら、テープレコーダーとアイロンとヘアドライヤーも持っていったでしょう)

もしすべてがやり直せるなら、
きっと今までより軽く、ずっと軽く旅をするでしょう。
今までよりも春がずっと浅いうちから外をはだしで歩くし、
秋がずっと深まるまでそうするでしょう。

孫をもっとしょっちゅう抱きしめるし、
メリーゴーラウンドにももっとたくさん乗るし、
子どもが楽しむようなことをもっとたくさんするし、
もっとたくさんの人にあいさつするし、
もっとたくさん花を摘むし、もっとたくさん踊るでしょう。

もしすべてがもう一度やり直せたら、

でもね。

もうやり直せないの。

［元の英語の詩は、BernieS.Siegel(1989).Love,Peace and Healing.(pp.245-246)Harper&Row, Publishers. より抜粋したもの］

死の恐怖をごまかして、何となく生が永遠に続くかのようにして日々を過ごしていると、生を大切にできません。本当に生きることができないのです。すると死がいっそう怖くなります。本当に生きることがなかったにもかかわらず、生きるチャンスを永遠に失うからです。そうして死が怖くなるから、いっそう死に直面することなく死の恐怖をごまかして過ごします。こうして悪循環が生まれます。

過去の経験からどれほど豊かさを得たかを振り返って感謝するとき、人生を肯定できます。それができないほど、未来がどんどん短くなってゆくことが怖くなります。過去が貧しいのに、このまま未来がなくなって行くことが怖いからです。

あなたも私も死へ向かっています。あなたの大切な人も死へ向かっています。そのことをより明確に認識するほど、与えられた人生に感謝しながら真に生きることができます。

葬式に参列してくれている人たちへの感謝の手紙

自分が死んだ、とリアルに想像すると、感謝の気持ちが高まることが心理学の実験でわかりました（論文1 p.52）。

私たちは毎日さまざまな恩恵を得ながら生きているし、その恩恵はいつかなくなるものです。なのに日ごろはそれが当たり前になってしまっており、恩恵がいつまでもあるかのように漠然と思ってしまっています。だから恩恵を大切にできません。

でも、自分が死ぬところを想像することによって、日々恩恵を受けていること、そしてそれがいつかなくなってしまうものだ、という事実に気がつきます。

自分が死ぬ、という運命を見つめて、今の人生と今の人間関係をもっと大切にして生きるために、とっても効果的な方法があります。それが、「あなたの葬式に参列してくれている人たちに向けて感謝の手紙を書く」というものです。

感謝の手紙の書きかた

このようにおこないます。

あなたが死んで、今日は葬式だと想像します。あなたの体が棺桶《かんおけ》に横たわっています。そこにしつらえられた祭壇にあなたの遺影が見えます。線香が炊《た》かれています。人々が集ってくれています。みんな真っ黒な喪服を着て、うつむきぎみ。悲しそうな表情をしています。泣いている人もいます。

その方々に向けて、誰かがあなたからの感謝の手紙をあなたに代わって読んでくれます。その手紙を書きましょう。

感謝の手紙を書いた人たちの体験談

自分の葬儀で読んでもらう感謝の手紙を書いた人たちが感想をお寄せくださいました。それを紹介します。

今すぐ死んで、自分の葬儀が行《おこな》われている状態など、今まで考えたこともなかったのですが、本当に自分の葬儀を想像してリアルに書いていたら、涙が出てきました。

いいことばかりではない人生だったのに、感謝の気持ちしか湧いてきませんでした。

これが私が書いた手紙です。

「今日は、お忙しいなか、来てくれてありがとうございます。生前はお世話になりありがとうございました。

私は、いつもみなさんに助けられて生きてきました。困ったとき、多くの人に助けられ、本当に幸せな人生でした。

申し訳ないのは、お義父さん、お義母さん、実家のお母さんより先に死んでしまった事です。M君、A君、Yちゃん、お義父さんたちのこと、よろしくお願いします。

お母さん、ごめんね。でも、今のあなたは強いので、今まで通りリハビリがんばって生きていってください。動けなくなったら、土地を売って施設に入ってね。

H君、Tちゃん、Yちゃん、よろしくお願いします。

それから、お騒がせ息子のK。長生きしてくれって言ってくれてたのに、死んでごめんね。

自分に厳しく助言してくれる人を避けないで。A君やYちゃんの言うことをよく聞いてね。

自分が悪いと思った事、法律違反はしないでね。あなたは、人に助けられて生きてるんだから、困っている人は助けるんだよ。

あとは自由に生きてください。

大学を卒業したら、自分で働いて、そのお金で生活するんだよ。ゲームやりすぎないでね。

みなさん、Kのこと、よろしくお願いします。

私はみなさんに良くしてもらって本当に幸せでした。ありがとうございました。

天国から、みなさんの幸せを願っています。

LINE、返事打てないけど、よかったらしてね。

それではお先に失礼します。

パパが待っていてくれるかな。

私はあの世で幸せにくらすので、どうぞ悲しまないでください。

さようなら。Y・F」

この手紙を書くと本当に死ぬ気持ちになってしまい、人生には大変なことがいっぱいあったのに、感謝の気持ちと幸せだったという気持ちでいっぱいになりました。

そして、今までは、親や子どもが困るから、私はまだまだ絶対死ねないと思っていたけれど、死んだら死んだで、周りの人たちがなんとかしてくれる、と思うこともできました。

（Yさん・女性・静岡県）

私と夫は二人とも再婚同士で、二人とも子供たちはすっかり成人してしまっているので、二人でのんびりすればいいのですが、ここ最近は今までのいろいろなしがらみもあったりして、私が夫に対して随分と冷たい態度で接していました。

自分のなかでも、このままの状態を続けていてはいけない事は頭のなかではわかっていましたが、私自身の生い立ちや物事の捉え方がどうしても邪魔をしてしまい、夫の悪い部分しか見ようとしていませんでした。

しかし、今回のワークで自分の死について考え、もう誰とも会話する事も伝える事も何一つできなくなると思うと、本当に今のままでいいんだろうか!? 私はこの様な状態を望んでいたのだろうか!? と、自分自身に問いかけてみました。

自分が死ぬと考えたときに、自分本来のすなおな気持ちが見えてくる事に気づきました。

そして、夫は当時と何も変わっていないことにも気づきました。

そこで、夫にもこのワークをしてもらい、お互いが大切な存在なのだと二人で話し合う事ができ、私の心のもち方も変わりました。

ありがとうございました。

（藤本恵子さん・岡山県）

書きながら涙が溢れてきました。それは感謝と喜びの涙でした。

これまでのすべてに感謝しかありませんでした。

これまでの人生のなかで望んだことも望まなかったことも、良かったこともそうではなかったこともたくさんあったけれど、苦しく辛いこともそのすべてが豊かな体験であったこと。

家族が最後まで理想の形を築けなかったことに残念な思いをもちながらも、理想なんて存在しない、幻想だということに気づけた瞬間でもありました。

そして、自分の人生で今日が最も佳《よ》き日であり、そのために今までがあったこと、大切なかけがえのない方々に見送っていただけることに幸せを感じる自分がおりました。

そして、不思議なことに後悔がありませんでした。

普段の生活のなかでは、自分にダメ出ししまくりで、もっと……という要求をしている私ですが、やり残したと思うことがありませんでした。死に怖さを感じませんでした。

一瞬一瞬を一生懸命に生きてきたと感じる自分がそこにいました。

これまでずっと、結果が出ないとダメだとしていた私ですが、今生きているということ、ただそのことがすべてなんだと感覚が変わりました。

私の在り方が変わったからか、仕事の流れが変わってきました。求めても求めても与えられなかったことが、手放した途端に入ってきた、そんな感覚です。

この時期に貴重な体験をさせていただけたこと、心から有難く深く感謝しています。ありがとうございました。


（門田保子さん・広島県）


結婚もしてないし、子どももいないし、仕事も不安定だし、無い無いづくしの人生だと思っていたのが、感謝の手紙を書くために自分の人生を振り返ってみると、心が暖かい気持ちになり悪くない人生だったと思えた。

関わってきた人を思い返してみても怨《うら》み辛《つら》みを言いたい人は誰も浮かんでこ

ず、感謝を言いたい人の顔が浮かんできて、暖かい気持ちになった。
何かそれがうれしかった。

（姜裕華子さん・兵庫県）

参列者のみなさんへの感謝の手紙を書いたところ、今まで、本当に皆さんに支えられて生きてこれたのだという、感謝の気持ちが湧いてきました。

ただ、私の場合は、「このままでは死にきれない」「もっと成長したかった」「身近な人にもっと優しくすればよかった」「まだまだやりきっていない」という、後悔に似た気持ちも湧いてきました。

自分自身を見つめる大きなきっかけになりました。

近年、月日が経つのが早いと感じます。ほんとうの自分から目を背けて、日々を惰性で過ごしているところがあります。

このままでは、死ぬときに後悔するかもしれない。自分の最高価値観をはっきりさせて、それを意識して一日一日を大切に過ごしたい、と強く感じます。
感謝の手紙を書いて、このような気づきを得ました。ありがとうございました。

（H・T・男性・神奈川県）

自分の葬儀をとてもリアルにイメージしながら取り組みました。家族、親戚、友人、仕事関係の方、たくさんの方が参列してくれていました。

家族それぞれに向けて「あなたの子どもで、あなたの妻で、あなたの母親で、本当に良かった。ありがとう!! しばらくは寂しいかもしれないけれど、ちゃんと見守っているね。人生、何があっても大丈夫!! 自分を生きるんだよ」と、泣きながら伝えていました（本当は、笑顔で力強く伝えたかったです）。あとから、自分を生きたかったのは、私だなと気がつきました。

葬儀のなかで特に印象に残ったことは、私が文句を言ったりイヤだと思っていた方までもが参列してくれていたこと。一瞬複雑な思いになったけれど、何故かその方の気持ちが手にとるように伝わってきて、お互いに精一杯だったことや、その経験を通してお互いに成長していたことがわかり、私の人生の大事なキャストだったのだとあたたかい感謝の気持ちになりました。

今回、手紙を書かせていただいたことで、私の残りの人生をさらにどんなふうに生きたいのか、どんな自分でありたいのかが心の底からイメージとして湧き起こりはっきりとしました。

いつ最期のときを迎えるかもしれない日々を私は生きているのだと強く感じ、今この一瞬一瞬を大切にしたい、今感じているすべての思いを大切にして、やりたいことを精一杯やろう、という気持ちになりました。

そして、たとえ今日という日が最期の一日になったとしても、後悔しない自分でありたい、後悔しない人との関わり方がしたい、と日常を大切に生きるようになりました。明日が必ず来るなんて誰にもわからないですものね。まだまだ一日を振り返った時、完璧だなんてとても言えないけれど、すべての人や出来事に感謝し、少しずつ成長しながら今を生きたいと思います。

（加藤春花さん・静岡県）

ぜひ、あなたの葬儀に参列してくれている人たちへの感謝の手紙を書いてみましょう。人生について、そしてご縁をいただいた人たちについて、感謝と幸せな気持ちになって、これからの人生にいっそう愛が増えるし、あなたがもっと望む人生を生きるために役立ちます。

第7章

「許せない人」に感謝する

感謝できないことは苦しみの原因になっている

感謝ノートを書くと感謝力がアップし、幸せ度が上がるし、運も良くなります。ありがたいことが、思っていたより人生にたくさんあることがわかります。

でも、生きていると感謝できることばかりではありません。嫌なこと、腹の立つこと、悲しいこと、不安なこと、傷つくことも起きるもの。

私は心理カウンセラーなので来談者の話をうかがっているとよくわかるのですが、人生において感謝できないことは、今の人生で苦しみや問題の原因になっていますし、成功や幸せの妨げになっています。自分ではそのことに気づかないものですが。

お母さんとの関係で傷ついた佳子さん

佳子さん（仮名）は、亡くなったお母さんについて「私が辛かったときに話を聞いてくれず、一方的に私を叱った。あれは許せない」と思っています。すると佳子さんは、誰かが話を聞いてくれないとき、その怒りと悲しみが湧き上がって、とっても腹が立ったり悲しくなったりします。

佳子さんはさらに、「お母さんがあのときに話を聞いてくれなかったのは、私のことを大切に思っていなかったからだ」と心の奥で信じています。それが、「人は私を大切に思わないものだ」という信念になり、さらに「私は大切にされる価値のない人間だ」という信念にもつながっています。しかし佳子さんは、自分の心の中にそんな辛い信念があることに気づいていません。

佳子さんは、人のちょっとした言動で腹が立ってしまいます。生まれつきそういう性格なのかと思っていましたが、本当は、「人は私を大切に思わないものだし、私は大切にされる価値のない人間だ」という、自分では気づいていない信念があるため、人の小さな言動にも、「やっぱりこの人も私を大切に思っていないんだ」と感じるのです。そのためすぐに傷ついてしまい、腹が立ったり、落ち込んだりしてしまいます。

佳子さんは、心にある過去の傷つきのために、人の言動を悪く歪《ゆが》んで受け取ってしまったり、過剰反応してしまったりしているのです。それが佳子さんの人間関係の苦しみになっているし、佳子さんは孤立しがちなところもあります。

さらに、佳子さんは「私が辛かったときにお母さんは話を聞いてくれなかった。あれは悪いことだ」と信じていますので、誰かが辛そうにしているのを見ると、その人を助けようとせずにおれません。もしも辛そうな人を助けなければ、自分もあのお母さんと同じ人間になってしまう、と思うからです。

だから助けようとするのですが、それは佳子さんにとってすごく負担になっています。しかも、辛い人を救うことなんてなかなかできることではありませんので、辛い人が笑顔になってくれないとき、佳子さんは自分の支援が失敗だったと感じて落ち込みます。

そういうときに佳子さんが落ち込む原因は、「辛い人の心を支えることができなかった。私だってお母さんと同じだわ。それに私は人を救うことで自分が価値ある人間だと証明したかったけど、救うことができなかったということは、やっぱり私は価値のない人間なんだわ」と解釈しているからです。ただ、**自分がそんな解釈をするから落ち込んでいる、ということに佳子さんは自分でも気づいていません。**

お父さんへの怒りがある隆司さん

隆司さん（仮名）には、「お父さんはぼくが学生のとき、成績のことをうるさく言って本当に嫌だった」という思いがあります。そのため隆司さんは、お父さんへの反発心から「人の価値を学校の成績や学歴で決めてはいけない！」と信じています。すると、学歴や成績を重要視する人に腹が立ちます。

また、隆司さんは「成績や学歴で人を判断しない」ことを善だとみなし、自分は善をしていると思っていますが、実は、それは彼の表面上の信念に過ぎません。お父さんへの反発心の裏に、本当はお父さんと同じ価値観にしがみついている自分もいて、

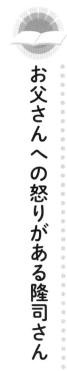

人のことをどうしても成績や学歴で評価する思いが拭《ぬぐ》い去れないのです。

そのため隆司さんは自分の子どもに対しても、「成績や学歴は大切ではない」と言うのですが、内心では「高い成績と学歴を達成すれば価値ある人になる」という信念もありますので、子どもに対してついついその信念を押しつける言動をしてしまいます。それによって子どもの心は傷つきますが、隆司さんは自分がそうしている自覚はほとんどありません。

さらには、隆司さんの心には、お父さんに対して反抗心があることへの罪悪感もあります。しかしその罪悪感についても、隆司さんは自分では気づいていません。

隆司さんは、お父さんへの反抗心に対する隠れた罪悪感のため、彼自身の子どもが親に反抗的になったときに、それを許すことができません。そのためにひどく叱りつけたり、子どもが小さかったときには暴力までふるってそれを抑え込もうとしたりしました。隆司さんはそれを「しつけ」だと信じていますが。

すると隆司さんの子どもは、隆司さんの心の奥にある成績・学歴偏重の価値観と、隆司さんの厳しすぎる「しつけ」によってとても傷つきます。やがて思春期になると、ひどく反抗的になるかもしれませんし、大きな心の苦しみを抱えたりするかもしれません。そのとき、隆司さんはいっそう辛い思いをするでしょう。

いかがでしょうか？　私たちは、人生において感謝できないことがあると、自分でもわからないうちに、そのことが心の重荷や苦しみ、傷つきになり、成功と幸せを妨げてしまいます。

ではどうすればいいのでしょうか？

解決法は、感謝しようとがんばることではありません。そうがんばろうとしている人はたくさんいます。「感謝が大切です」「感謝しましょう」という教えに触れて、感謝しようとがんばるのです。でもそんなことをすると、自分の心にウソをついてしまいます。本当は怒りや悲しみがあるのに「あの人には感謝しています！」と自分の心に言い張るのです。

もっと根本的な解決法があります。それをお伝えします。

相手について、マイナス感情を感じる行動を特定する

あなたが怒りや軽蔑心、恐怖などマイナス感情を感じるのは誰に対してでしょうか。まずそれをはっきりさせましょう。

そして、その人に対するマイナス感情を解決するために、その人が「いつ・どこで・誰に対して・具体的に何をしたこと（または何をしなかったこと）」がもっともイヤなのかを、一つ特定します。映画やドラマの一場面を切り取るかのように、実際にあったもっとも嫌な場面とその人の行動を特定します。

【例1】母が、私が小学校二年生だったあの冬の夜、自宅の居間で、私の顔を叩いた。

【例2】夫が先週火曜日の夜七時ごろ、自宅の前で、娘を怒鳴った。

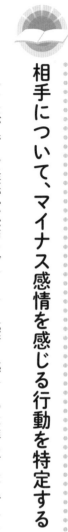

あなたの解釈ではなく、行動を特定しましょう

その人がおこなった具体的な行動を明確にするとき、つぎのようなものは良くありません。

「あの人は私を（または誰かを）愛さなかった」
「あの人は私を（または誰かを）大切にしなかった」
「私に対して（または誰かに対して）思いやりがない」
「あの人は私のことなんかどうでもいいと思った」
「私を粗末にした」

右のような答えでは解決できません。その理由は、**右の答えはその対象の人がおこなった行動ではなく、対象の人がおこなった行動についてのあなたの解釈だからです。**

たとえば、あなたはその対象者が何かの行動をしたときに、その行動を「私を愛していないからそんなことをするんだ」と解釈したのです。同じことは、「私を大切にしなかった」「思いやりがない」「私のことなんかどうでもいいと思った」「私を粗末にした」にも当てはまります。

ここで大切なことは、その対象者の何の行動を、あなたが愛情の欠如とか、あなたを大切にしていない表れだと解釈したのか、その行動を正確に特定することです。その対象者が、具体的にどんな行動をしたことを、あなたは愛情の欠如や思いやりの欠如などと解釈しましたか？　その行動を一つ特定しましょう。たとえば、私を叩いた、私を批判した、私にお金をくれず姉にお金を渡した、私にウソをついた、など。

また、「私を傷つけた」「私を悲しませた」も対象者の特定の行動を具体化したものとしてはよくありません。あなたは、対象者が何かをしたとき、または何かをしなかったとき、傷つきや悲しみを感じたはずです。ここで明確にするのはあなたの感情ではなく、対象者に対してあなたがその感情を感じている具体的な行動です。

思いやりがないよ！

ねこさんの解釈。

一緒に食べようと思って買ってきたシュークリームなのに、一人で全部食べてしまったくまさんの行動に、失望しています。

くまさんの行動……

まちがえちゃった……

ときに、「あの人の性格が嫌いだ」とか「あの人の存在自体がいやだ」とか、「あの人は悪い人だ」などと思っている人がいます。でもそれらの言いかたは正確ではありません。

もしあなたが、誰かについて「性格」や「存在」がいやだと思っているとしても、もしその人がまったく違う行動をしていたら、その人にマイナスの感情は感じないでしょう。同様に、その人がまったく違う行動をしていたら、その人のことを「悪い人」だというレッテルは貼りません。あなたが、その人の「性格」や「存在」がいやだと思ったのは、その人が「いつ・どこで・誰に対して・具体的に何をした（または何をしなかった）」からなのかを、明確にしましょう。

また、その対象者がしたいやな行動については、あなた自身が実際に見たり経験したりした行動である必要があります。他人から聞いた話で、あなた自身は直接見たことではない場合は、このワークはできません。

たとえばあなたはお母さんから、別れたお父さんがかつてあんなひどいことをした、こんな悪いことをした、と聞かされたとします。でも、もしあなたがご自分の経験として、別れたお父さんのその行動を目にしていない場合は、このワークはできません。あなたの経験としては、たとえば、お父さんに家にいてほしかったのに、お父さんは離婚して家を出ていたのであの冬の夜八時ごろ家にいてくれなかった、というようなものがあり得ます。それだとワークが可能です。その場合は、お父さんが家にいないからいやだ、とあなたがいつどこで思ったのか、その特定の場面を一つ明確にしましょう。

プラス面を見つける

行動を一つ特定したら、心のなかでその特定の場面に入ってください。**その場面を思い出すのではなく、心のなかでそこに入ります。**そのときの光景を心の目で見て、そのときの声や音を心の耳で聞き、その場所の空気を肌で感じます。

そして、つぎの質問に答えましょう。「その人がそのとき、その場所で、その人に対して、それをしたことが、あなたにとって（もしくは関係する人にとって）、具体的にどうプラスになりましたか？」

その答えを、短く具体的にたくさん書き出しましょう。

【例1】 私が小学校二年生だったあの冬の夜、自宅の居間で、母が私の顔を叩いた。

（プラス面の例）

私は寂しく悲しかったので、心の内面にこもって読書好きになった。

読書好きになったから、学校の勉強に役立った。

成績が良かったから先生たちから好かれた。

成績が良かったから志望校に進学できた。

だから、そこで今の主人に出会えた。

母親に叩かれて悲しくて悔しかったから心の内面に関心をもつようになり、心理学やスピリチュアリティを熱心に学ぶようになった。

心理学やスピリチュアリティを学んだから、○○さん、□□さん、△△さんと出会えた。
○○さんと出会えたから、××について教えてもらい、それが今の趣味になっている。

【例2】夫が先週火曜日の夜七時ごろ、自宅の前で、娘に怒鳴った。

〈プラス面の例〉

私が夫に怒って娘を守ったので、娘は、私の愛情をいっそう感じられた。
娘は弟からも優しくされた。
娘はお父さんが厳しいので担任の先生に甘えるようになり、学校で居場所ができた。
娘は家にいるのがいやになったので家の外で友だちとよく遊ぶようになった。
友だちとよく遊ぶようになったことで社会性が増した。
社会性が増したから、翌年にクラス替えがあったけど新しいクラスでも友だちができた。
○○ちゃんとよく遊ぶようになったことで、共通のアイドルの趣味ができた。

二次的メリット、三次的メリットも挙げてゆきましょう

対象の人の、あなたがマイナスに感じている行動が、あなた（または関係する人たち）に具体的にどうプラスになったかを探すとき、その行動が直接もたらしたプラスが一次的メリットです。

このワークでは、一次的メリットをたくさん出してゆくことに加えて、その一次的メリットが、さらに何の具体的なプラスをもたらしたか（二次的メリット）、それがさらに何のプラスをもたらしたか（三次的メリット）、さらにそれが何のメリットをもたらしたか……も書き出しましょう。

【例1】私が二十五歳のあの夏の夜八時ごろ、自宅のダイニングで、父が私に「お前なんか出ていけ！」と怒鳴った。

（一次的メリット）
悲しかったので泣いて彼氏に電話をし、優しく慰めてもらえた。

（その一次的メリットがもたらした二次的メリット）
彼のことがいっそう信頼できたので、のちに結婚につながった。

（その二次的メリットがもたらした三次的メリット）
結婚して子どもができ、それが私の生きる喜びになっている。

【例2】私が小学校二年生だったある日曜日の午後、父が母を殴った。

（お母さんへの一次的メリット）

お母さんは、父が暴力的だったので趣味の手芸に没頭するようになった。

（その一次的メリットがもたらした、お母さんへの二次的メリット）

お母さんは手芸サークルに入り、同じ趣味で気の合う友だちができた。

（その二次的メリットがもたらした、お母さんへの三次的メリット）

お母さんは手芸サークルの友だちと旅行に行くようになって世界が広がった。

反面教師ではない答えを見つけましょう

このワークをするとき、反面教師になった、という意味の答えはよくありません。たとえば、「父がぼくを批判し、それは悪いことだから、ぼくは人を批判せず肯定したり人を褒めたりするようになった」という答えはよくありません。

そのような反面教師という意味の答えではなく、お父さんがそのとき、その場所であなたを批判する発言をしたことから、あなたが得たプラスを書き出しましょう。

たとえば、真面目にものごとに取り組むようになった、お父さんのことが嫌いになったので関心が外に向き、学校に友だちができたし、担任の先生とも仲が近くなった、お父さんに批判されて辛かったからお母さんに甘えるようになりお母さんとの仲が近くなった、苦しかったので心理学に関心をもつようになった、家族と関わりたくなくなったので趣味に喜びを見いだすようになった、などです。

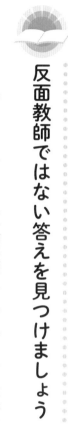

マイナスに見える出来事のプラス面の例

人から拒否されたり、見捨てられたり、攻撃されたり、人と疎遠になったりしたことのプラスとして、比較的多いものの例を挙げます。あなたがプラス面を見つける参考にしてください。

自立した。
自分を大切にするようになった。
打たれ強くなり、逆境に耐える力がついた。
他の誰かと仲が近くなった。
自分で自分を守る力がついた。
自分にとって本当に大切なものを大切にするようになった。
謙虚になった。

人の苦しみがわかるようになった。
心や内面に関心が向いた。
心理学を学ぶようになった。
趣味に関心が高まった。
慎重になり、軽はずみな行動が減った。
人を見極める力がついた。
我慢強くなって、後の困難を乗り越えられた。

特定の出来事に対してマイナスの感情を感じる場合

あなたが人生でマイナスの感情を感じるのが、人ではなく何かの出来事に対してである場合も、やりかたは人間についてのワークと基本的に同じです。

その出来事があったから、具体的に何のプラスを得たかを書き出してゆきます。

たとえば、震災で自宅に損害が生じたとしましょう。

そのことによって得たプラスをすべて書き出してゆきます。たとえば、つぎのことがあるかもしれません。


ケンカの多かった家族が助け合うようになった。

疎遠だったおじさん、おばさんたちが助けてくれるようになり関係が戻った。

近所の人たちと助け合うようになった。

近所の人たちと仲良くなったから、子どもの塾について良い情報を教えてもらえた。

地域の趣味の集まりに出るようになった。

趣味の集まりで近所の人たちと知り合って、孤立感が減った。

これからもっとしっかり働こうという責任感とやる気が増えた。

お金についてしっかり考えるようになった。

お金を大切にするようになり、無駄遣いが減った。

物質的豊かさに偏《かたよ》って重要視する状態から、目に見えない人間関係や心の豊かさも大切にするようになった。

自分にとって本当に大切なものを探すようになった。

人生設計についてしっかり見つめて考える自分へと成長した。

同じように災害に遭っても、不幸になる人とすぐに立ち直る人がいることを目《ま》の当たりにして、人生の大切なことを学んだ。

このワークの意味

このワークは、その対象者の具体的なその行動（またはマイナスに感じていた出来事）が、あなたにとって（または関係する人にとって）マイナスと同じ量のプラスをもたらしている、ということが確信できたときに完了です。

ほとんどの場合、このワークを二十分や三十分で完了することはできません。もっと時間が必要です。しかしこのワークは何回にも分けておこなっても効果があります。たとえば、電車やバスに乗ったときや、一人の時間を作って少しずつでも取り組むことができます。

ここでお伝えしていることは、都合よく考えようとするポジティブ思考ではなく、**宇宙はあなたにとって最善のことだけをもたらしている、**というスピリチュアルな真理を発見するための、人としての成長の過程です。

このワークを、プロ援助者の助けなしで一人で完了まで到達するのは難しいかもしれませんし、頭ではわかるけど、今ひとつ腑に落ちない、と感じられるかもしれません[注2]。しかし完了には到達しなくても、このワークに取り組むことによって、物事のマイナス面が偏って大きく見えているときに、その正反対の面を見つける能力が高まります。それは人生において非常に重要な智恵の力です。その智恵の力をつけるほど、これからの人生において、不安定な感情の波に翻弄《ほんろう》されることが減ってゆき、気持ちが安定します。

注2　このワークは、ディマティーニ・メソッド®と呼ばれる心の支援法のごく一部を取り出したものです。ディマティーニ・メソッド®のプロとの個人セッションを通してこのワークに取り組むと、ずっと完了しやすくなります。「ディマティーニ・メソッドファシリテーター」で検索すると、全国にいるプロについての情報が得られます。

傲慢になると謙虚にすることが起きる

私たちは、誰かを見下したり誰かに腹を立てたりするとき、「自分はあの人と違って悪い（劣っている）人間じゃない」と傲慢になっています。

その意識のとき、私たちは自分自身を周囲と分離させ孤立させています。それは、自分の本来の魅力や力を発揮することのできない意識状態でもあります。

すると宇宙は、私たちを謙虚にする目的で、人からの批判をもたらしたり、何かがうまくいかないとか、何かに失敗する、という経験をもたらしたりします。

たとえば、ある男性は成人した息子が定職に就かず自室の整理整頓もできていないということで、息子について、「定職に就いていないのは劣ったことだ」「家を散らかしたままにするなんて、ダメな奴のすることだ」と思って見下しているとしましょう。すると、**その傲慢さを元に戻す目的で、人からの批判や、何かがうまく行かないとか、何かに失敗するなどの形の経験がやってきます。**

その一つとして、息子が言うとおりにしない、という現象を引き寄せることがあります。その男性はそのことによって、「オレは父親として失格だ」、と感じるのですが、その現象は、「オレが正しい」「オレは立派だ」という傲慢さとバランスを取るものなのです。

私たちは、傲慢な意識になるとき、人の批判や失敗を引き寄せますので、あなたが「自分は今、傲慢になっているぞ」と気づいたら、自分が何ができていないか、具体的にどういう点で人より優れていないのかを見つけて謙虚になり、みずからを中庸に戻しましょう。すると、謙虚にさせられる現象を外から引き寄せないで済みます。

第8章

さらに先へ進むために

感謝ノートを書いて感謝しようと思っても、大きな心配事や気がかりなことがあるときには、感謝の気持ちになるのは難しいかもしれません。また、過去の未解決の大きな傷つきがあったり、うつ状態にあるときや不安の強いときも、感謝したいと思ってもなかなか心から感謝はできないでしょう。前の章でご紹介したワークも、一人で取り組んだのでは大きな効果が感じられるところまでは、到達できないかもしれません。

そういうときには、プロ・カウンセラーの個人セッションを受けて、未解決の心のわだかまりを根本的に解決できるよう取り組むと有益です。

カウンセリングを通してこころの痛みの解決に取り組む

心の痛みや傷つきを解決するための援助法にはさまざまなものがあります。それらの呼びかたも、カウンセリング、心理療法、○○セラピー、○○療法、○○メソッドなどさまざまです。ここではそれらを総称してカウンセリングと呼ぶことにします。

私はこれまで、通算二十年間以上プロ・セラピストたちからカウンセリングを受けて来ました。今もプロの助けを得ながら、いっそうの癒しと成長に取り組んでいます。

多くの人が、「ポジティブ思考でがんばろう」としたり、何らかのテクニックを使ったり、「あなたは素晴らしい人です」とか「あなたは天使がついているから大丈夫です」などのスピリチュアルな教えによって安心感を得ようとしたりします。

でも、それらのテクニックや教えで一時的に気分がラクになることはあっても、そもそもの苦しみの原因は解決されていませんから、時間がたつと再び苦しくなります。

また、過去の解決できていない心の傷つきや問題は、のちの人生でさらなる傷つきや苦しみを繰り返す原因になります。人間関係がしんどくなったり、人から攻撃されたり、孤立したり、がんばってもどんどん自信を失っていったりする、など……。

知識では変わらない

ここで注意してほしいことがあります。プロのカウンセラーと一緒に、心の癒しと成長にしっかり腹を据えて取り組む代わりに、心理学やカウンセリングについて学ぼうとする人がたくさんいます。でも、知識をつけても心の痛みは解決しません。

自転車の乗りかたや自転車の構造をいくら勉強しても自転車に乗れるようにはならないことと同じです。自転車に乗れるようになるには、自転車について学ぶんじゃなく、実際に自転車に乗って練習を繰り返すことが必要ですよね。

また、心理学やカウンセリングを学んだ人はしばしば、自分の問題を知識で分析しようとします。

「私が男性が苦手なのは、父が厳しかったからです」

「私と母は共依存だから苦しいんだと気づきました」

など。

でも、そのように知識で分析しても何も変わりません。

同様に、「許しましょう」とか「過去を引きずってはいけません」という教えに触れた人はしばしば、

「○○のことは許しました」

「あれはもう過去のことですから考えないようにしています」

と言います。そう言う人は、まだ過去に縛られ、その重荷を背負って生きています。

こころの痛みが本当に解消した人は「許しました」とは言いませんし、過去の辛かったことについて「考えないようにしよう」とも思いません。

知識や教えでは苦しみの原因は解決しないのです。

ではなぜ、心理学やカウンセリングを学んでもこころの痛みを本当に癒して人生を変えることはできないのでしょう？

なぜ自分ではこころの傷を癒せないのか

こころの痛みが、知識や自分なりの努力だけでは解決できない理由は二つあります。

一つ目は、**私たちのこころの傷の本当のところって無意識の領域にあるため、自分ではわからないからです。**

たとえば、誰かに批判されたとき。腹が立ったり、悲しくなったり、クヨクヨ落ち込んだりへこんだり、孤独感にさいなまれたり。そんな苦しい気持ちが続くのは、過去の辛い経験によるまだ癒えていないこころの痛みがあるからです。

でも、辛い感情の根っこは無意識の場所にあるので、自分で探っても本当のところには行きつきません。だから自分では解決できないんです。知識で分析したって本当に何かが身に染みてわかるわけではないし、大切なことにこころの底から実感で腑に落ちて気づけるわけでもありません。

二つ目は、**人間関係で受けた傷つきは、人間関係でしか癒せないからです。**

心理学やカウンセリングを学んだ人は、イヤな思いになったとき、自分で自分を叱《しっ》咤激励《たげきれい》したり、リクツをこねくり回して気を楽にしようとしたりするものです。

「こんなことでクヨクヨするなんて弱い自分じゃダメじゃないの！」

「いつまでも根にもっていないで許すべきだ」

「あの人だって本当は苦しいんだ。だから気にしないようにしよう」

などなど。

私たちがそんなことをして自分を救おうとするのは、自分のことを愛しているから。でも、自分を叱咤激励したり、リクツで分析したりしても解決しません。人との関係で負ったこころの痛みは、人との関係のなかでこそ癒されます。家族や友だちなど普段の人間関係のなかで癒され変化することはありますし、それらの人間関係はとっても大切なものですが、それとは別にプロのカウンセラーでなければできないこともあります。

私はカウンセリングに申し込む勇気が出なかった

でも、こころのカウンセリングに取り組むって勇気のいることです。

私が初めてカウンセリングを受けたのは大学の学生相談室でした。大学生だった私は、ある日ついに意を決して勇気を出して相談室の前まで行ったのに、怖くて申込書に記入できませんでした。二時間ぐらい「カウンセリングに申し込もう」「いや……別に要《い》らないかな……」「いや、勇気を出して申し込もう！」「でも、怖いし……不要な気もするし……」と相談室前の廊下を行ったり来たりウロウロ迷ったあげく、結局は申込書を書く勇気が出ず、トボトボ帰ったのを覚えています。

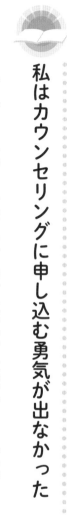

でも、なぜこころのカウンセリングを受けることって怖いのでしょう？

人々がカウンセリングを受けたがらない理由について、たくさんの心理学者たちが研究をしています。そして学術誌にこんな理由が報告されています。「カウンセリングを受けていることが知られると人から悪く思われるから」「お金がかかるから」「カウンセラーがどこにいるか知らないから」「自分のことは自分でする主義だから」、などなど。

でも私は、それらは本当の理由ではないと思います。カウンセリングを受けることへの抵抗感の本当の理由は、自分の感情に向き合うのが怖いことと、人間への不信感の二つだと思います。その二つについて詳しく見てゆきましょう。

自分の感情に向き合うのは怖く感じられる

誰だって人を憎むことがあります。人の不幸を願う気持ちをもったことのない人はいません。もちろん私もそうです。人にはいろんな不安もあります。でも私たちは、知らず知らずのうちに、怒りや深い悲しみ、さびしさ、罪悪感など、辛い気持ちを押さえつけてあまり感じないようにしています。自分を守るためです。

でも、辛い感情は、そうして感じないようにマヒさせても、なくなるわけではなく、いろんな形で問題を作ります。

そのとても多い例として、**人に対して怒りを感じないようにする目的で「私が悪いんだ」と自分を責めることがあります。**

また、感情を押さえ込んだりマヒさせたりすると、怒りが爆発して人間関係を壊してしまったり、喜びも感じられなくなって毎日がどんよりうす暗い灰色のようになることもあるし、生きている実感が感じられなかったりすることもあります。押さえつけられた感情が体の不調として出ることもよくあります。

それらの感情に向き合うことって怖いもの。だから、「カウンセリング」や「こころのセラピー」と聞くと、何か不気味なモノやおどろおどろしいモノに思えて怖いのです。

人への不信感

誰にでも、人に本音を話したり感情を表現したりしたときに、叱られたり責められたりしたことがあるでしょう。私たちはそんな経験をすると、「思っていることを正直に話したり、気持ちを表現したりしたら危険だ」と学びます。言い換えると、「正直な私を見せると、責められたり嫌われたりして、また傷つくかもしれない」ということです。人のことが信じられないんです。

だからカウンセラーのことも信じられません。「本当のことを話すと、責められたり、正されたり、見下されたりするかも」と不安になるのです。するとカウンセラーにホンネを語ることも怖くなります。そのため、「信頼できるカウンセラーを知らないから」ということでカウンセラーのところに行くのが怖くなるのです。

ここまで、人がカウンセリングを受けたがらない本当の理由は、感情に直面することが怖いことと人間不信の二つです、とお伝えしました。

でも、まさにその二つの理由のために、私たちの人生に苦しみが増え、喜びが減り、生きるのがしんどくなっているんです。だからその二つの理由でカウンセリングを受けないというのは、たとえると、**ひどい腹痛で苦しんでいる人が、「お腹が痛いから病院に行かない」と言っているのと同じことです。**

カウンセリングは決して怖いものでもおどろおどろしいものでもありません。でも、カウンセリングは秘密厳守だし密室でおこなわれるので、何が起こっているのかがわかりませんよね。

そこでつぎに、カウンセリングでは何が起きるのかをお伝えします。

カウンセリングで何が起きる?

ひとことで「カウンセリング」と言ってもさまざまなやりかたがあります。

私はプロ・カウンセラーですが、私自身が来談者としてもさまざまな種類のカウンセリングを受けて来ましたので、カウンセラーはみんな特徴が違うしやりかたも違うと知っています。

ここでは、定期的に会って対話をしながらこころの探求と癒しを進めてゆくタイプの対話カウンセリングで起きることをお話しします。

いい対話カウンセリングにもいろんなやりかたがありますが、その多くでは、ここからお伝えすることが起きていると思います。

話し合いの内容は来談者が決める

いい対話カウンセリングでは、カウンセラーが話し合いの内容を指定することは少ないものです。あなたがその時々で話したいと思ったことを話し、カウンセラーはそれについて行きます。うまく話せなくても大丈夫。自分のペースで、話したくなったことを話せばいいんです。

カウンセラーはあなたの話にとっても興味をもって耳を傾けます。そのとき、あなたのことを温かな気持ちで受け止めているし、あなたという人をとても大切に感じています。

私たちは、そんなカウンセラーに話をして自分の思いをわかってもらえる、その対話を重ねてゆくうち、少しずつ、**自分のすなおな本当の感情や感覚を大切にできるようになります。**


たとえば、親への怒りや憎しみ。兄弟姉妹や同僚の不幸を願う気持ち。とっても悲しい気持ち。ひとりぼっちの寂しさ。子どものように誰かに甘えたい気持ち。それらを正直に話しても、カウンセラーはあなたのことをあなたの身になってわかるし、それまでと同じようにあなたのことを大切に感じています。

そんなカウンセラーに話してゆくにつれて、こころにあった本音の思いが、悪いものでも怖いものでもないんだ、と実感でわかります。そしてそのままの自分のことをより認められ、自分のことを愛しく大切に感じるようになります。

ある来談者の言葉

かつて私の対話カウンセリングに通った美咲さん（仮名）が、彼女の経験を教えてくれました。

「カウンセリングを受けているうち、自分を大切にしよう、と心から思えた。こんなことは初めて。今まで、自分が何を感じているかは感じないようマヒさせて、正しいことをしようと思っていた。その正しさって親の意見だった。でも最近は、頭のなかで私を見張っている親にしたがうんじゃなくて、自分がしたいことをして、したくないことをしないようになった。するとこんなにラクになるんだって初めて知った」

別の来談者はこう教えてくださいました。

「恐ろしいと思っていた深い淵《ふち》の底には、真珠のきらめきがありました。そして、闇夜の森のなかには、美しい湖が広がっていました。それは誰のこころのなかにも存在する美しい魂の部分とつながる経験なのだと実感しました」

自分のいろんな気持ちが感じられるようになる

対話カウンセリングが進むにつれて、自分をきゅうくつにしていたり、苦しみの原因となっていたりした行動が変化します。

たとえばＯＬの優香さん。彼女は、人から悪く思われることが気になって自己主張できません。人の目が気になってドッと疲れるし、自己主張できないので仕事を押しつけられても何も言えません。「どうして私がこの仕事までしないといけないのよ！」

と不満なのですが、その気持ちはグッと押さえつけています。そのためイライラして、ついついだんなさんや娘さんに当たってしまいます。それでケンカになり、家庭でもイライラします。優香さんはストレスが昂じて健康を害したこともあります。

優香さんと正反対のように見えるのが、同じ会社で働く健三さん。健三さんは怒りをすぐあらわにします。社員を怒鳴りつけたり、侮辱したりすることもあります。健三さんは頭の切れる優秀な人ですが、人間関係が悪いためなかなか出世できません。ついには彼を嫌う人たちが会社の上層部に働きかけ、彼は左遷されてしまいました。

自己主張できなくてしんどい優香さんと、攻撃的な自己主張が多いために左遷された健三さん。その二人は一見すると正反対ですが、大切なところが共通しています。

それは、**自分の気持ちのごく一部しか気づいていないこと**。自己主張が難しい優香さんにも、ちゃんと主張したい、自分を大切にしたい、という思いはあります。だけど優香さんは、「人から嫌われたらどうしよう」という不安が強いのでそればかりを優先させてしまって、自分を大切にすることが犠牲になっています。

攻撃的な健三さんにも本当は、人から好かれたいし、人と仲良くしたい気持ちがあります。でも彼には、怒りや悔しさを晴らしたい、うっぷんをぶつけたい、という欲求ばかりが強く感じられるので、その欲求を満たそうとして他の欲求を犠牲にしてしまいがちです。そのために人と仲良くできないし、ついには左遷されてしまったのです。

より満足のゆく行動ができる

自分の気持ちを抑えつけている人ほど、悪く思われたくないので適切な自己主張ができなかったり、怒りのために他者を傷つけたり、責められるのが怖いので自分の思っていることをほとんど何も話せなかったり、性欲を満たすために暴力的な行動に出たり、そんな極端な行動をしてしまいます。

カウンセリングの対話が進んでゆくにつれて、私たちはだんだん、自分のいろんな気持ちをすなおに感じられるようになります。すると、**一つの感情に振り回されてほ**

かのすべての欲求を犠牲にすることが減ってゆきます。自分のいろいろな気持ちがはっきり感じられ、今どうするのが一番いいかをより正確に判断して、いろいろな欲求をバランスよく満たせるようになります。

たとえば、自己主張できないＯＬの優香さん。彼女は幼いころに自己主張してお母さんから怒られたことがあるのですが、自分のいろんな気持ちをすなおに感じられるようになるにつれて、「今この状況では自己主張しても大丈夫だわ」とわかるし、自分も他人も大切にする形で不満を表現したり自己主張したりできるようになります。それと同時に、今までは「人から悪く思われちゃたいへんだ」という不安が先に立っていたのに、自分のことをもっと大切にする強さを取り戻します。

攻撃的な健三さんの場合はどうでしょう？　私たちは誰だって、怒りも攻撃的な衝動もあると同時に、人を愛したい、愛されたい、親密な人間関係がほしい、という強烈な欲求もあります。健三さんがそれらいろんな気持ちをすなおに感じるようになるほど、攻撃欲求だけを満たして人の好意ややすらぎを求める欲求を切り捨ててしまうのではなく、異なる欲求をできるだけ満たす最適な行動が取れるようになります。

いろんなカウンセリング法がありますが、いいカウンセリングでは、ここまでお伝えしたことが大なり小なり起きると思います。

「会う人すべてが聖人だと思って接すると幸せになれます」という言葉があります。カウンセリングやセラピーに取り組んで心が癒されるほど、私たちのなかにある愛が湧きあがって、そういう思いに近づく自分になってゆきます。

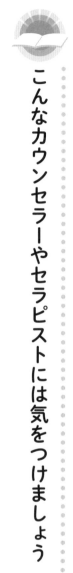

こんなカウンセラーやセラピストには気をつけましょう

でもあまり助けにならないカウンセラーもいます。そのことについてお伝えしますね。

叱ったり説教したりするカウンセラーはだめです。同じように、「こうするのが道徳的に正しい」とか、「どう思うべき」「どう感じるべき」ということを押しつけるカウンセラーも役に立ちません。たとえば、「許しましょう」と教えるカウンセラーがそうです。いいカウンセラーは、説教したり、叱ったり、「べき」を押しつけたり、立派な正しいことを教えようとしたりはしません。

また、簡単にアドバイスをするカウンセラーと一緒にこころの癒やしと成長、苦しみの解決に取り組んでも、根本的に解決することはできません。

たとえば、ある女性は暴力を振るう恋人と別れることができず苦しんでいます。その女性の話を少し聞いて「別れなさい」という意味のことを言うカウンセラーでは、おそらく根本的な問題解決の援助はできないでしょう。有能なカウンセラーであれば、その女性がなぜ暴力的な恋人にしがみついてしまうのか、その気持ちを理解し、彼女が執着せずにいられないこころの苦しみの原因を、一緒に探求しようとするでしょう。

また、気休めをいうカウンセラーも役に立ちません。

かつての来談者の女性がこんな経験を教えてくださいました。

「古宮先生のカウンセリングを受ける以前に、六年間ほど他のカウンセラーのもとに通っていました。でもそこでは、ほんとうに私の深い孤独感や、怒りや憎しみや、寂しさを話すことはできませんでした。

前のカウンセラーから、『それは、些末なことで、本質的なことではありませんよ。もっと自分を見つめなさい』と諭されたときもあります。また『時間が解決することもありますね』と言われたときには『では、この悲しみや苦しみはいつまで続くのでしょうか?』と聞きたくなりました。でもカウンセラーに反発することもできずに、『そうですね』と自分の気持ちにフタをしました。『物理的な距離をとって、しばらく待つことも一案ですね』とアドバイスをされたこともあります。でも、距離をとって解決する問題であれば、わざわざカウンセリングを受けようとは思いませんでした」

受身的なセラピーについて

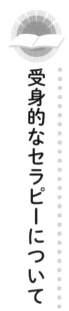

それから、来談者自身は何もせず受身でいて、セラピストなどと呼ばれる人が一方的に何かをする「カウンセリング」や「セラピー」「ヒーリング」があります。来談者はただ座っていたり、横になっていたりするだけで、セラピストが「エネルギー調整」「エネルギー注入」「気の浄化」「潜在意識の書き換え」などをおこなうものです。

また、セラピストが何かを唱えたり、声を出したり、美しい音を奏《かな》でたりするあいだ、来談者はそれを聞いているというものもあります。

それらの援助法をおこなうプロのなかには実力のある優れた人もいると思いますから、実力のある援助者がおこなう、そのような受身のセッションも有益だとは思います。でも、そのような受身のセッションだけでは足りないことも珍しくありません。一時的に気分はよくなっても、しばらくすると元に戻ってしまうこともあります。

同様に、「スピリチュアル・カウンセラー」や「チャネラー」などと呼ばれる人が、来談者に必要なアドバイスを伝える「カウンセリング」や「セラピー」もあります。それらについても、本当に力のある援助者のおこなうセッションは役に立つと思いますが、それだけでは足りないことも多いと思います。

みずから解決に取り組むカウンセリング

根本的で永続する癒しと変化のためには、受動的な「カウンセリング」や「ヒーリング」「チャネリング」などを受けるだけではなく、プロの支えを得ながら来談者自身が自分のこころの痛みの解決に取り組む、そういうカウンセリングも必要なことが多いと思います。

またとても多いのが、いわゆる「ポジティブ」なことに焦点を当てなさいと教えて、怒りや寂しさなどネガティブなことを扱わないカウンセラーです。「ポジティブ思考をしましょう」「あなたにはこんなに素晴らしいところがあるじゃないですか。自分の悪いところばかり見ないで長所を認めましょう」とアドバイスをするなど。でも、いわゆる「ポジティブ思考」「プラス思考」は偏っていて無理があります。プロの助けを得ながら辛い経験やネガティブな感情に直面し、解決のために取り組むことが、一時的で表面的ではない、真の癒しと成長のためには必要です。

癒しは光の量を増やそうとすることで起きるのではなく、自分の影に入り、受け入れられていなかった部分に光を当てることで起きます。

カウンセリングを活用して人生を変えた人の体験

私とカウンセリングを通してこころの苦しみの原因解決に取り組み、人生を変えた方々のうち三名が、その経験をあなたとシェアすることを快諾してくださいましたのでご紹介します。

◎久子さん（五十代女性・仮名）

私には忘れられない四歳の記憶があります。

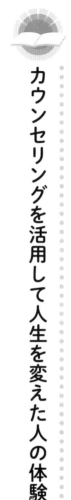

その日、母は幼い私を背中に負ぶって崖の上からじっと海を見ていました。冬の冷たい風が私のやわらかい頬に吹きつけます。

幼い私にもわかりました。

「お母さんは私を連れて崖から飛び降りようとしている」

私は母の背中にしがみつき叫びました。

「お母さん、もう帰ろうよ！　バスが来るよ！　ね、早くおうちに帰ろう！」

私が必死で叫び続けるうち、やがて、母は黙って引き返しました。

まだ四歳だった私はそのとき決心しました。

「私がお母ちゃんを守ろう」


私が小学生のときです。家族でＴＶを見ていて私が「いいなー」と言いました。たったそれだけのことで父はキレました。大声で怒鳴ります。「オレをバカにしているのか！」

私たちが見ていたＴＶは、どこかの家族がみんなで楽しそうに動物園に行っている場面。ただそれだけのことで父は怒鳴ってあばれるのです。そんなことが、何度も何度も繰り返されるので、母も私もいつもビクビク怯《おび》えて暮らしていました。

私が高校生だったある夜のこと。父は早く寝室に入っていました。私と母はとっても楽しいおしゃべりをしていました。私は学校であったことを母に話します。

「お母さん、美穂ちゃんたらね、あんなことしてこんなことしてね」

母は「そうなの、あははは……」と、とっても楽しそう。

母が楽しそうに笑ってくれるのがとてもうれしかった。母の笑顔が私の何より心の栄養でした。

そうしておしゃべりをしていると、父の寝室のドアが開く音。そしてドドドド……父がリビングに来る音がします。

父はリビングのドアをバンっと開けるなり

「お前ら！　またオレをバカにして笑いやがって！　何を話していたんだ！　言ってみろ！　おい、久子、言え！　何を話してたんだ！」

さきほどまで楽しそうに笑っていた母の顔はいっぺんにこわばり、涙を流します。

「お父さん、ごめんね、おしゃべりはやめるから」「ごめんね、ごめんね」そう言って泣いています。

お母ちゃんは私が守る。

四歳のときの決心が心によみがえってきます。

決めました。

「お父さんを殺そう。お母さんは悲しむかもしれない。でもいつかきっとお母さんは、私がお母さんのしあわせのためにしたってわかってくれる」

その夜私は、就寝中の父の首をコードで巻いて窒息死させようとしました。でも、華奢《きゃしゃ》な私に筋肉隆々の父を殺すことは無理でした。

それから二十年以上たった一昨年のこと。「父を憎んだまま父が死んだら、私、心の重荷を一生背負って生きることになる」と思って古宮先生のセッションを受けました。

憎しみの解決は、セッション中に突然やって来ました。それはどれほどの衝撃だったことか。

今まで気づいていなかったことに次々気がついたのです。

私は父の顔色をうかがって育ったため、人の気持ちに敏感になりました。それが営業の仕事にすごく役立ちました。とくにお客さんの不満や怒りによく気がつくので、不満が小さいうちに対処できたし、小さいころから父の怒りにさらされていた私は、お客さんが怒ってもうろたえることがありませんでした。誰もが苦手なクレーム処理が得意だったし、後輩がお客さんに怒られているとき、私は恐れず代わってあげて対応しました。

さらに、私はお金を貯めて家を買ってお母さんを呼び寄せようと思っていましたから、がんばって働きました。そのため東京に栄転できたし、東京本社で働いていた今の夫に出会うこともできました。また、私は仕事に打ち込んで実力をつけたおかげで、私にとってすごく大切な今のキャリアがあります。

また、私はお父さんについての母の愚痴を聞いて育ちました。それが、お客さんの話を親身になって聴く力になっているし、友だちの悩みを聴くのが得意でしたから、かけがえのない素晴らしい友だちに恵まれています。

さらに父は、私の人生の節目で、私が自立して自分の人生を歩んで行けるよう、後押しをしてくれていたことにも気がつきました。私が東京に栄転するときも、結婚するときも、私が家族から離れることを泣いて反対した母の横で、父が私に「お前なんか二度と帰って来るな！」と怒鳴りつけたからこそ、私は泣く母を置いて出てゆくことができました。もし父が少しでも優しかったら、あのときの私だったら自立できませんでした。

それ以外にも、あの父と母のおかげで、私は自分の人生ですごく大切なことをたくさん得られていた事実に気がつきました。

「あの父と母のおかげで今の私があるんだ」

それは雷に撃たれたような衝撃でした。

すると、殺したいぐらい憎んだ父への、愛と感謝の涙が溢れて止まりません。

あの父と母のもとに生まれてよかった。今はこころからそう思います。信じられないことですが、あのセッション以来父と仲良くなり、その変化とともに仕事も人間関係も好転しています。

今の私は自分が生きていることを肯定できます。人々や物事の背後に大きな力があって、私の命を肯定してくれていることも感じます。自分のために幸せになりたいと思っていいし、人生を肯定するようになりました。

◎あかねさん（四十代女性・仮名）

十年前に亡くなった母。私は母について、尊敬とともにずっと悲しみがありました。

私が中学生のとき、父が交通事故で亡くなりました。それをきっかけに母はお酒におぼれるようになりました。母は仕事に行かなくなり、毎日自宅で泣いていました。昼間からカーテンを閉めきったうす暗い部屋で、母は父の遺影を胸に抱いて泥酔し、一人泣いている……。その惨めな姿が強烈にこころに残っています。また、母は時々泣きながら私に抱きついてきました。その母の、アルコールくさい息の臭いは忘れられません。

やがて、私は働かなくなった母と二人、生活保護で貧しい暮らしをするようになりました。

真夜中に警察から電話がかかってきたことも何度かありました。それは、泥酔して道端で寝ていた母を保護しているから引き取りに来てください、という電話。高校生の私が真夜中に警察署に行きます。それはもう、ものすごく恥ずかしくて惨めでした。

そんな、筆舌に尽くしがたい辛いことが、他にもたくさんありました。

カウンセリングで、母を巡る悲しみや怒りに取り組みました。そして気づいたのです。

看護師の私にとって、人生でいちばんの喜びは患者さんから感謝されること。母の悲しさと一緒に生きた私には、他の多くの看護師と違って、平気そうに装っている患者さんの瞳の奥にある悲しみがわかるのです。患者さんから、「あなただけには私の苦しみが話せるわ」「あなたがいてくれたから苦しい治療に耐えることができました。ほんとうにありがとうございました」。そのように言ってもらったことは数えきれません。また、そもそも看護師という職業を選んだのも、私が母を支え、母の世話をして育ったからだと思います。

「私が看護師という天職を見つけることができて、しかも患者さんたちからの感謝という人生いちばんの喜びをたくさんもらえているのは、あの母のおかげなんだ！」

それを発見したとき、私の目から愛と感謝の涙がとめどなく溢れ出しました。否定していた母の部分を肯定できると、自分自身のことも肯定できました。あのセッションを受けてから数年が経ちますが、あれ以来、母の命日をとても穏やかに迎えることができるようになりました。

以前の私は、自分を肯定するということは怖くて考えないようにしていました。それが、そのままの自分とそのままの人生を肯定することができるようになりました。本当にありがとうございました。

◎中島知賀さん（カウンセラー）

「罪悪感、悲しみ、怒りを癒したい。もっと無条件に自分のことを愛したい」と決意して古宮先生のカウンセリングを受けました。たった四十五分のカウンセリングのために往復八時間かけて、毎週通いました。

カウンセリングは優しいだけの道のりではありませんでした。深い淵の底をのぞき込むような怖さや、闇夜の森のなかに入っていくような怖さもありました。でも、「どんな私も深く理解してもらえている、受け入れられている」という安心感があったので、だんだんこころの傷つきを癒して手放し、本来の自分と繋がることができました。

カウンセリングを受ける前は母に怒っていましたが、母をこころから愛することができるようになって安らぎと幸せが訪れました。母に腹が立つことがなくなってきました。

以前は人生に「なんで、こんな理不尽な目に遭わなくちゃいけないの!」と怒っていましたが、人生への信頼が深まりました。自己嫌悪感や罪悪感が減り、人に腹が立つことも減り、楽になりました。すると、やりたいことに挑戦したり、したいことを自由に楽しんだりできるようになりました。

またかつての私は、人と較べて劣等感を感じたり、人を見下したりすることが多かったのですが、人と比較しなくなって気持ちの浮き沈みが少なくなり、自分の人生に集中できるようになりました。そして、「もっと、人のために貢献したい」という気持ちがどんどん湧いてくるようになりました。その結果、組織を離れて独立することができました。

大切なのは、覚悟とヤル気

人との関係で受けた怒りや悲しみなど、こころの痛みが大きいほど、他人を肯定できず、人生を肯定できず、何より自分自身を肯定できません。

そして本当の癒しは「許す」ことではなく、愛と感謝にあります。私たちは愛と感謝にこころが開かれるほど、人を本当に大切にし、人生を大切にし、自分自身を大切にするようになります。

カウンセリングを生かしてこころの重荷や苦しみの原因を解決し、もっと幸せに生きられる自分になるために、最後にお伝えしたい大切なことがあります。それは、**カウンセリングが効果を発揮するかどうかを左右する重要な要因は、来談者の覚悟とやる気だということです。**

「カウンセラーによくしてもらおう」とか「カウンセリングに通えば良くなるだろう」と、カウンセラー任せだと良くなりません。どんなに優れたプロも、来談者を良くしてあげることはできないのです。プロの支援を得ながら、来談者自身がこころの癒しと成長に本気で取り組むことがとても大切です。来談者の人生の責任は来談者自身にありますから。

参考文献

● Allen, S. (2018). The science of gratitude. A white paper prepared for the John Templeton Foundation by the Greater Good Science Center at UC Berkeley.（論文 1）

● Froh, J. J., Emmons, R. A., Card, N. A., Bono, G., and Wilson, J. A. (2011). Gratitude and the reduced costs of materialism in adolescents. Journal of Happiness Studies, 12, 289-302.（論文 2）

● Nezlek, J. B., Newman, D. B., and Thrash, T. M. (2007). a daily diary study of relationships Between feelings of gratitude and well-being. The Journal of Positive Psychology, 12, 323-332.（論文 3）

● Fredrickson, B. L. (2003). Cultivating positive emotions to optimize health and well-Being. Prevention & Treatment, 3, article0001a, posted March 7, 2000.（論文 4）

● Emmons, R. A. and McCullough, M. E. (2003). Counting blessings versus burdens: An experimental investigation of gratitude and subjective well-being in daily life. Journal of Personality and Social Psychology, 84, 377-389.（論文 5）

● Watkins, P. C., Uhder, J., and Pichinevskiy, S. (2014). Grateful recounting enhances subjective well-being : The importance of grateful processing. The Journal of Positive Psychology, 10, 91-98.（論文 6）

● Froh, J. J., Kashdan, T. B., Ozimkowski, K. M., and Miller, N. (2008). Who benefits the most from a gratitude intervention in children and adolescents? Examining positive affect as a moderator. The Journal of Positive Psychology, 4, 408-422.（論文 7）

● Greg Johanson, Ronald S. Kurtz (1991). Grace Unfolding : Psychotherapy in the spirit of Tao-te ching. Harmony Books

読者のあなたへ特別プレゼント

「人生に幸せを もっと増やす方法」

★つぎのいずれか、受け取りやすい方法で
カンタンに受け取れます！

①スマホで下のQRコードを読み込む

or

②インターネットでこのURLを入力する

http://komiyanoboru.jp/lp/happyful-life/

⇓

そして、プレゼントフォームに
お名前とイーメールアドレスをいれるだけ！

なお、読者プレゼントをお申し込みのさいに、著者による「共感の心理学」メルマガに登録され、幸せな人生にする心理学の知恵を無料でお届けします。解除はメルマガ本文からカンタンにできます。

読者プレゼントサイトQRコード

本サービスは予告なく終了することがございますのでご留意くださいませ。

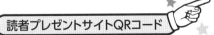

〈著者略歴〉
古宮　昇（こみや・のぼる）
心理学博士
公認心理師・臨床心理士
米国州立ミズーリ大学コロンビア校より心理学博士号（PhD.）を取得。
米国にて、州立児童相談所、精神科病棟などで心理カウンセラーとして勤務し、州立ミズーリ大学心理学部で教鞭を執る。
日本に帰国後は、心療内科医院および大学の学生カウンセリング・ルームのカウンセラー、大阪経済大学人間科学部教授を経て、現在は神戸にてカウンセリング・ルーム輝（かがやき）室長。また本格的な心理学とスピリチュアルな智慧を通して幸せで充実した人生に変える「スピリチュアル心理学オンライン・アカデミー」をおこなっている。
著書は、『自己肯定感がドーンと下がったとき読む本』（すばる舎）、『プロカウンセラーが教えるはじめての傾聴術』（ナツメ社）、『一緒にいてラクな人、疲れる人　人と会うのが楽しみになる心理学』（PHP文庫）など25冊以上。
さらに、心理学者として国際論文を含む専門論文を50本以上発表している。

装丁———— 根本 佐知子（梔図案室）
装画・本文イラスト —— 齋藤 稔（株式会社ジーラム）

プロカウンセラーが教える
絶対幸せになれる「感謝ノート」

2020年3月24日　第1版第1刷発行

著　者　古宮　昇
発行者　後藤淳一
発行所　株式会社PHP研究所
東京本部　〒135-8137　江東区豊洲5-6-52
第四制作部　☎03-3520-9614（編集）
普及部　☎03-3520-9630（販売）
京都本部　〒601-8411　京都市南区西九条北ノ内町11
PHP INTERFACE　https://www.php.co.jp/
組　版　齋藤 稔（株式会社ジーラム）
印刷所　株式会社精興社
製本所　東京美術紙工協業組合

ISBN978-4-569-84689-7